日日好日子

日本風土紀事

曾鈴龍
著&繪

謹以此書追念、感謝
忠孝日語劉元孝老師（1917-2018）。

目錄

一月 *January*

藪入　十六日

以前日本做生意的商家——町家裡會雇用長年的學徒、女僕。這些年輕的學徒、徒弟，日文叫「丁稚」，女僕、女傭人日文則叫「女中」。他們長年受僱住在雇主的家裡為雇主服務，叫「奉公」。所以在社會身分上他們又被稱作「奉公人」。

奉公人長年住在雇主家中，一年裡只有兩次回自己家的日子。一次是一月十五日小正月後一天一月十六日，另外一次則是盂蘭盆節期間七月十六日的回鄉掃墓。奉公人一年中這兩次回老家看看，日文叫「薮入り」。「薮」這個日文漢字的意思是草叢、竹林，所以「薮入り」這個文字原始意象，就是「回到那個在鄉下竹林、叢林裡的老家」（薮深い里へ帰る）。

小正月是相對於一月一日大正月而來的。也有人稱一月十四到十六日這三天是小正月，一月一日到七日是大正月。小正月那日早上，

日本一般習俗會煮米和紅豆混合的小豆粥，因為是早上吃的，所以又叫「曉粥、あかつき粥」。吃小豆粥時有些地方會加上一些餅花（麻糬片）吃。農業社會裡吃曉粥有祈願「無病息災」的意味。

另外，過去日本傳統都是在一月十五日時舉行「元服之儀」成年禮儀式。所以一月十五日也就成了國民節日「成人之日」。但是二〇〇〇年（平成十二年）後，成人之日已改成一月的第二個禮拜天。

對比過去日本階級社會裡奉公人一年只有兩次返鄉的機會，我想到現今台灣社會也有許多來自東南亞的移民工朋友。他們飄洋過海來台，或參與我們國家的建設，或建造我們的房舍，或協助照顧我們的家人。他們許多人也是離家離子，一來到台灣也是常常一年才得返國一次，有的甚至因為經濟因素數年才返家與家人相聚。我突然想起已故的前輔仁大學教授、人權工作者梅心怡先生（Lynn Alan Miles，1943-2015）過世前的遺言也曾經提到「……一定要善待東南亞移民工……活在台灣美麗島」。

奉公人和移民工們都是社會基層裡默默奉獻的力量，值得我們對他們深謝。

初觀音　十八日

在日本，每個月的十八日是觀世音菩薩的「緣日」。「緣日」這個日文漢字的意思，是指神、佛與人結緣、互動的日子。通常會用神佛的「誕生日」、「示現日」等特別的日子來做緣日。白話一點說，也可以說是「廟會活動的日子」。

之所以在十八日，主要緣由是很久以前有一對住在江戶（東京）隅田川邊的漁夫兄弟濱成和武成，有一天捕魚時魚網網到一尊人像。他們把人像從魚網拿出後放回水中，但是隔天又網到這尊人像。於是兄弟倆就拿去問地方上一位叫真中知的博學先生，結果被真中知先生告知這是一尊觀音像。後來這尊觀音神像被供奉起來，就是東京淺草寺的御本尊。而濱成、武成以及真中知則被供奉在淺草寺旁的淺草神社做為祀神。濱成和武成發現這尊神像的日子正是西元六三八年三月十八日，所以後來每個月的十八日就成了日本的觀世音菩薩「緣日」。

每個月觀世音菩薩緣日當天供奉觀音的香客和活動會比較多，而一年最初的第一個觀音菩薩緣日一月十八日就被稱為「初觀音」。

初觀音
一月十八日
Logan.

佛教中說，觀世音菩薩為了救度眾生會依救度對象而改變示現的形姿。有時是示現「聲聞身」、有時示現「佛身」、有時示現「梵王身」、有時示現「帝釋身」……一共有三十三種身姿。著名的京都三十三間堂眾人皆知其本堂內圓柱之間有三十三個間隔，而這個三十三的取數由來正是代表觀世音菩薩救度眾生時的三十三種示現形姿。

求神拜佛在台灣民間也是一種深入的宗教儀式和信仰力量。想想我們一般去廟宇參香時，或因為欲望、或因為不安，可能常常「求神心」先，但往往忘了「敬拜心、懺悔心」才是神佛要送給我們的修身立命法寶、禮物。

每年舊曆新年假期期間，東京的淺草寺都有許多我們台灣人前去參香祈福的足跡。在東京都內除了香火鼎盛的淺草寺外，如果想去稍微人不那麼多，可以參香、又可以靜靜悠閒、信步散策的佛寺，我覺得可以去《男人真命苦》影集的發源地葛飾區的柴又，參拜「帝釋天」。或到德川幕府大老井伊直孝以及在櫻田門外遭刺殺的幕末彥根藩主井伊直弼的家廟，也是日本招財貓發源地的「豪德寺」參拜。這兩個地方觀光客都相對較少，但是春天天氣好時從車站出來慢慢地散步過去，行路起來也是非常舒適。

每一年的初觀音，每一個月的觀音日，都可以是一個重新洗滌、重新開始的日子。

二月 *February*

褌　十四日

在日本許多的祭典中，常常可以看到參與祭典活動的男士們下半身穿（圍）著像丁字褲一樣的裝束。這個裝束在相撲場裡的力士身上、在一些昭和時期背景電影裡的男士們身上，也常常可以看見。

那樣的裝束，漢字寫作「褌」（中文讀ㄎㄨㄣ）。日文叫「ふんどし」（英文發音像 fundoshi）。

如果以現代醫學的角度來看，「褌」某種程度上是一種很衛生、保健的內褲。它的構造很簡單，如果以「越中褌」來說，基本上就是一個腰帶和一塊垂下的兜布，把腰帶圍圈紮上後再把身後的垂布由下往上跨過兩腿股間，然後遮住下體後穿過前腰帶自然垂下成為兜布。

祭典中男士們常常穿的「六尺褌」則像一件三角丁字褲。因為褌的質材多半是透風的棉、麻，構造對人體的束縛性小，所以常常有讓皮膚透風、下肢活血、甚至按摩穴道的功用。

在日本古代，布算是高價物品，所以在日本戰國時代，從戰死者身上有沒有穿褌也可以辨識出死者身分的高低。早期褌多半是麻製品，到了江戶時代則多半是木綿材質，穿褌的人也從武士階層擴及到一般庶民百姓。明治維新以後的徵兵則要求男子要著「越中褌」，一直到第二次世界大戰結束前，日本男士的下半身裡面都是穿褌，到二戰結束後才開始普及改穿現在的西式內褲、三角褲。

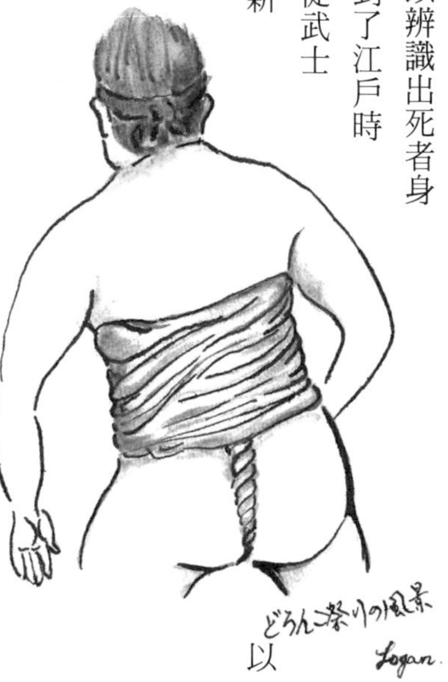

褌主要是日本男士的內褲穿著，但是我在看日本水中攝影家大崎映晉（1920-2015）所拍攝的昭和三〇年代石川縣輪島市舳倉島的《海女のいる風景》攝影書時發現，那些身材健美裸著上半身美麗胴體潛至深海作業的海女們，也是穿著當地名為「小褌」的裝束。海女們健美的身材配上小褌在水中的景象，實在美麗十足。現在日本市面上也有設計給女性穿著的褌，甚至日本褌協會（JAPAN FUNDOSHI ASSOCIATION）也找來女性專科醫師山田麻子女士來說明、推廣女性穿褌對身體健康、睡眠、血液循環的好處。

相撲場上力士們穿著的褌日文叫「回し」（mawashi）。日文的慣用句裡常說「把褌綁緊了幹」，意思就是「全力以赴向前！」。說「利用別人的褌來打相撲」則是有「利用他人事物做對自己有利之事」的意思。可見褌是一個很生活和庶民的歷史文化物，下次去日本好像可以買一件來試試。

日本褌協會為了推廣褌文化，希望以「每一個日本人都有一條褌」為目標，用今天二月十四日裡二、十、四的日文諧音，定今天為「褌之日」。

吉田山、吉田神社、吉田兼好　十五日

在京都念書的時候，住在公車「京大農學部正門前」站附近。隔著今出川通的馬路，斜對面就是吉田山。吉田山不高，海拔大約只有一百公尺出頭。

從我家出門騎腳踏車往左沿今出川通到銀閣寺和哲學之道，大約十分鐘。路上有一家一九二八年（昭和三年）開業的白川麵包製造店（白川製パン）。白川麵包店開業始祖的渡部邦男其實已是第二代製作麵包達人，他的父親在大正時代就已經

是有名的麵包師傅，現在傳到第三代。

白川麵包店裡有一個「名物」——吐司。這個吐司如果不是京都本地人恐怕還真的吃不到。因為老顧客排太滿，要吃一定必須提早一個月訂，也就是下個月要吃的這個月就要訂。我也是拜當時留學住在附近所賜才得以訂食過幾次他的吐司。不過店裡還有其他一些不必提前訂的麵包也不錯吃。只是可能因為他的吐司上過電視節目《料理東西軍》，從此以後預約客就不斷。

白川麵包店隔著今出川通馬路斜對面還有一家麵包店叫「manne ciel」（法文，マンシエール）。我第一次進去店裡時發現老闆娘是台灣人，原來她是京都老台僑陳芳福的女兒。陳芳福是和李登輝總統同一時期留學京都大學的老台僑。他原本入學是念京大醫學部，後來又轉理工學部。陳芳福後來在京都叡山電車出町柳車站附近開了一家柳月堂名曲喫茶店，可以喝咖啡吃點心，又可以點播黑膠西洋古典音樂。老先生七十歲開始學小提琴，幾十年來柳月堂在京都出町柳地區是很多京都人的回憶。

吉田山就在京都大學旁邊，裡面還有一個吉田神社。每年到了入學考季，吉田神社會比平時湧入更多的參拜者。我對吉田神社沒有太深刻印象，但是對吉田山山頂上的一家「茂庵 cafe」確有記憶。記得當時法學部學姊曾推薦、提醒我數次，說吉田山山頂上有一家咖啡店，離我家那麼近，有空應該散步上去走走。

「茂庵」確實是一個值得一去的地方。我後來才知道原來它是明治、大正時期，在大阪從事新聞紙運輸事業的谷川茂次郎於事業經營成功後，接受他的客戶推薦學習茶道而建的茶苑。谷川的公司現在仍在，叫「谷川運輸倉庫株式會社」。谷川後來入門茶道「裏千家」，走上了「数寄者（愛好和歌、茶道之人）」之道。並且在吉田山東側一帶購入土地建造了茂庵庭園。整個茶苑現在僅剩「靜閒亭」和「田舍席」兩棟主要建物，但是最盛時期一共有八間茶室。谷川在世時曾多次在茶苑舉辦茶會活動，但是他過世後就閉園了。一直到

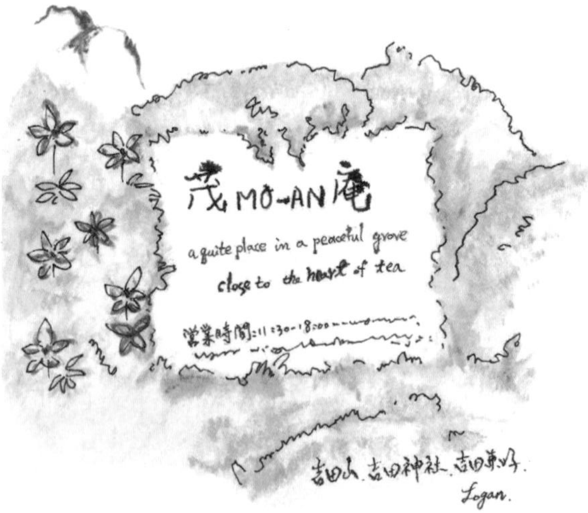

二〇〇一年，後人才再將那個「建築物有特色風韻」、「視野可以俯瞰京都東山地區景色」、「環境隱蔽清幽」的山頂茶苑重新開張，喚做「茂庵 cafe」。

只是這幾年不敵疫情，茂庵也不得不在二〇二二年八月宣告停業。好消息是，二〇二三年三月起茂庵又重新開業。

日本人講「少為人知，但是又值得一去的地方」時稱這叫「穴場」。我個人也覺得茂庵確實是京都旅行時可以考慮到吉田山散步的穴場。

說了一些吉田山麓周邊的事，其實今天二月十五日是日本南北朝時期著名和歌人、隨筆文人吉田兼好的忌日。吉田兼好居於京都吉田，相傳家族即為京都吉田神社歷代相傳的神官。他所寫的隨筆書《徒然草》和清少納言的《枕草子》、鴨長明的《方丈記》被稱為日本三大隨筆隱士文學之最。我在二〇一六年購得一本時報出版社出的吉田所著的《徒然草》譯本，非常喜愛，常常晚上睡前都會拿來翻幾頁，邊讀邊想一想，清涼一下自己的靈魂。

秋田橫手的雪屋祭　十六日

鄰日本海的秋田冬天很冷，一下起雪常常都是足陷身陷的豪雪。可能也是這樣的分明冷峻氣候條件，秋田出很好的稻米，有「美酒王國」封號，有毛色豐厚又忠心耿耿的「秋田犬」，還有有名的「秋田美人」。

秋田縣的橫手市是該縣內僅次於秋田市的第二大城。每年二月十五、十六日這個時期，橫手市內的橫手地域局前道路公園、二葉町的雪屋通、羽黑町的武家屋敷通和橫手公園前，都可以看到一座座裡面點著溫暖黃燈的雪屋。

整座用雪造的雪屋裡，傳統以來祭祀著水神。過去的舊曆年一月十四日「小正月」（相當於現在的陽曆二月十五、十六日）時，各町都會建造雪屋奉祀水神，以祈求家庭平安、五穀豐收、生意昌隆。隨著時代的變化，橫手地區各個家庭也會做雪屋奉祭水神。這樣的習俗其實是已經有四百年以上歷史的傳統行事，現在也已變成每年的雪祭活動了。每年這個時候，橫手的校園裡都立起一座一座的小雪屋。一座座的雪窟裡燃了燈後，在夜裡呈現出難得的溫暖和動人畫面。橫手的雪屋祭被認為是日本十大雪祭之一，也是舊令制時代陸奧國地區五大雪祭之一。

剛剛說到雪屋裡主要是祭祀供奉著水神。但是這個時期還有一個景象是當地的小朋友們會進入到各個雪屋裡，口裡用地方方言說著「請進來請進來」、「請水神降臨請水神降臨」，邀請人們進雪屋裡，並招待烤麻糬和熱熱的甜酒，就像在玩家家酒一樣。

作為日本屈指可數的豪雪地區的橫手市在二〇〇五年（平成十七年）的時候，制定了《橫手市與雪和睦生活條例》。在北國一說到「雪」，總給人一種「要讓人費力剷雪、製造交通障礙的麻煩者」形象，但是另一方面雪也孕育出了雪國獨特的文化特色並且帶來豐富的水資源。橫手市這個條例的宗旨就是不把雪當成麻煩者，而是要與它親近，好好共存。透過這個條例，市民們思考如何「利用雪來建制冷房系統」、「協助支援市內高齡者的除雪作業」、「主辦大人小孩一起穿著傳統雪鞋的雪中健行活動」以及「在雪屋祭時全市市民總動員向前來橫手市的觀光客們提供熱熱的甜酒和烤糯米餅」等活動。

在了解橫手市這個《與雪和睦共同生活條例》的制定時，我特別進了橫手市政府的市府網頁，並且看了一些相關影片。當我看到其中的「到目前為止的親雪事業」活動 YouTube 影片時，看到裡面許許多多大人小孩、老老少少一起在雪地裡做親雪活動，我突然想起三十年前我當時已七十多歲日文老師說的「敬天愛人」四個字。對，傳統日本人的教育裡，其實就是根植著「敬天愛人」四個字。敬愛天地，和睦自然，友愛周遭。

橫手的雪屋裡，有賜佑人們的水神、有孩童們的歡笑、有溫暖的燭光、有熱熱的甜酒、有暖暖的糯米餅。這其實也是寒冬裡溫暖人心的一幅畫。

下次某年冬天，去橫手走走、溫暖一下吧！

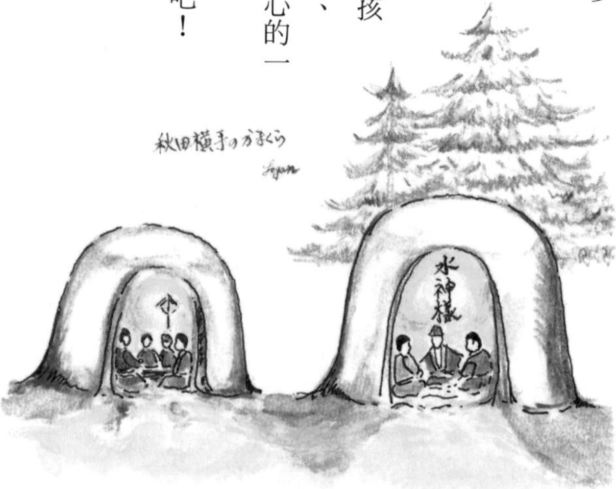

西大寺會陽裸祭　十八日

每年二月第三個週六，岡山市西大寺觀音院會舉行盛大的「裸祭」。據傳這個活動始自奈良時代，至今已經超過五百年。現在每年活動當夜都會聚集超過九千甚至上萬名的全身僅穿著「褌」兜襠褲的裸男，爭奪會帶來好運與福氣的「寶木」。岡山「西大寺會陽裸祭」和秋田「生剝鬼柴燈祭」、長野「御柱祭」常被稱為「日本三大奇祭」。

這個祭典活動的由來，最初應該是永正七年（一五一〇年）忠阿上人擔任住持時，在每年正月一日到十四日的「修正會」嚴修法會結束時，由住持向來寺參詣的信徒送出「守護札」。後來因為希望因此得到福氣的人越來越多，最後不得已住持只能向信徒人群中投出守護札，而信徒們為了使身體方便、自由地爭取到守護札，於是卸去衣物以裸身的方式競逐爭取，並且在活動前以寒水淨身離垢，以展現自己無垢的信仰心。如此一大群男體裸身爭取神明護佑物的場景就叫「會陽」，代代相傳，和每年寺裡的修正會法會活動形成一體。

會陽的行事進程從活動三週前就要開始。首先要找好做為守護札「寶木」的素材，並且在隔天進行削寶木的工作，然後把削好的寶木守護札放在修正會上的本尊千手觀世音前進行莊嚴

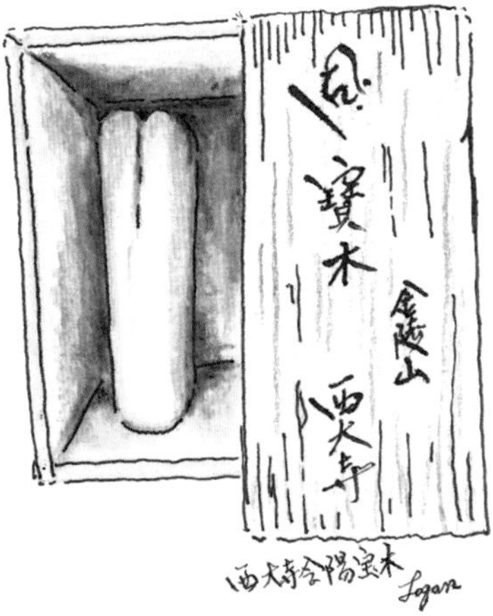

的供奉儀式。住持山主率寺內十餘名僧侶在法會期間進行嚴修，日日祈禱國家安穩、五穀豐穰、萬民豐樂。

通常會陽當天，岡山市內白天就已陸續聚集許多各地前來的信眾，隨著夜晚的到來，各處傳響起參拜者們「哇秀、哇秀」的呼喝聲，晚上七點開始，寺內本堂則會充滿著女眾的擊鼓聲。這樣熱鬧的合聲，據說在古時連隔海的四國地區都聽得到。

可能因為去年發生了韓國梨泰院人群踐踏慘劇，我在看日本這些人山人海的祭典活動時不免會質疑活動的安全性。而比如長野的「御柱祭」等，在活動期間也確實曾發生人身安全的事故。但是每當看著這些日本民俗祭活動的生猛場面時，武勇、不屈、朝氣、堅韌等字眼，確實會讓人在心中浮現敬意，甚至渾身也隨之發出熱力。

在祭典中，我看到這個民族的同心與力量。

漱石之日　二十一日

《朝日新聞》在西元二〇〇〇年的時候辦了一個投票，由讀者就西元一〇〇〇年到一九九九年這一千年間，日本的文學者（包括小說家、詩人、歌人、俳人、文藝評論家）中選出自己認為最傑出的人物。結果排名第一位的是夏目漱石。第二名是寫源氏物語的紫式部，第三名是司馬遼太郎，第四名是宮澤賢治，第五名是芥川龍之介。諾貝爾文學獎得主川端康成在第九名，太宰治則在第七名。

一九一一年（明治四十四年）今天，夏目漱石把日本文部省贈與他的「文學博士」稱號，寫信向文部省專門學務局長福原鐐二郎表達辭退之意，理由是「我不需要頭銜」。也因為這段軼事，今天被稱為「漱石之日」。他的忌日則在每年十二月九日。

夏目漱石一八六七年二月九日（慶應三年一月五日）出生，到他一九一六年（大正五年）十二月九日過世，活了四十九年十個月。以現在來看是短壽，但是一百年前那個時代已算是均壽。織田信長最喜歡的和歌，也是他在桶狹間合戰出擊時愛唱的〈敦盛〉，一開頭也是唱著「人生五十年」。

夏目漱石一生不管在學習上的學業表現或後來三十八歲以《我是貓》出道的文學表現都非常優秀。在明治維新的那個時代浪頭裡，他從明治初期學漢學後來改受西方教育，並從東京大學文學部英文科第二屆畢業，後又留學英國。在學生時代就已經能把日本平安、鎌倉時代隨筆家鴨長明的《方丈記》翻譯成英文。高中畢業後結交「日本俳句之父」正岡子規，讀了正岡的《七草集》大為讚嘆。然後他也寫了一本《木屑錄》，正岡子規讀後也大為激賞。兩人一生惺惺相惜，結為好友。

夏目漱石一生中身體遭遇的三大疾患，一為年輕時患的結核病，二為神經衰弱症，三為胃潰瘍。其中尤以後兩者長期困擾著漱石。一九一六年十二月九日，他在出席日本法國文學學者辰野隆的結婚典禮後，於家中因胃潰瘍發作大量出血過世。過世時他的最後一部小說《明暗》尚在執筆途中。

我發現夏目漱石患有的神經衰弱症，在許多日本知名的文豪、歌人也有。比如種田山頭火、太宰治、芥川龍之介等人。以前和一位台灣文化界前輩飲酒吃飯時也曾聽他嘆說，「藝術家、文學家表現傑出的每個都有精神官能症」。這句話可能說得有點絕對，但是也可以理解，或許就是因為那樣深刻細膩的靈魂才生出了那麼透徹與動世的作品。

一九一〇年（明治四十三年）在《門》小說的

俺はトラじゃない
俺はネコだ。
2022.1.21.
Logan

執筆途中漱石再度因胃潰瘍入院並引起大量吐血，徬徨危篤狀態中陷入生死之間。這一次對「死」的體驗，對漱石後來的創作產生深刻影響。《彼岸過迄》、《行人》、《心》等三部著作均是在這些生死體驗後之作。我忽然想起澳洲作家柯林馬嘉露一九七七年的著作《刺鳥》一書開文即說：「唯有以最深沉的苦痛才能換得最美好的事物。」

夏目漱石是第二次世界大戰前與森鷗外齊名的日本文豪。從一九八四年（昭和五十九年）到二〇〇四年（平成十六年）日本所發行的日圓紙幣均是採用漱石的肖像。他是日本文學的歷史代表，也是人類文明歷史的傳奇。

今天是「漱石之日」。

御田、關東煮、黑輪　二十二日

御田（おでん、oden）、關東煮、黑輪，這三個像兄弟，血脈共同，但是又還是有些不同。

漢字所寫的「御田」，日文是「おでん」，用英文拼音來發音像「oden」。台

語發音像「黑輪」。是日本料理食物中的煮物，也是鍋物。

日本室町時代，宮中的宮女稱用竹串串起來燒烤的豆腐叫「田樂」。田樂本來不是食物的名稱，而是平安時代為了祈願收成豐饒所跳的舞蹈名，相傳是因為用竹串串起豆腐的樣子很像這個舞蹈的形姿。

後來宮女們在稱呼田樂這個食物時，為了用詞高雅就加了「御」在前，變成「御田樂」，日文上再簡稱就成了「御田」。所以古時日本田樂、御田樂、御田是一樣的東西，都是指用竹串串起來的烤豆腐。

到了江戶時代，城裡攤販除了賣御田之外，也一起賣烏龍麵和丸子，頗受歡迎。御田的食材也從豆腐增加到蒟蒻、茄子、芋頭、魚等等。但是這時御田仍然是用竹串串烤的烤物。

到了江戶時代後期，千葉縣以銚子和野田等地為中心開始盛行製造醬油，循著醬油佐味的運用，人們於是開始用醬油下去燉煮田樂。後來田樂就分成了「烤田樂」（焼き田楽），和用醬油調煮的「煮田樂」（煮込み田楽）。直到今天，在關東地區漢字「御田」指的就是煮的田樂，而漢字「田樂」則指烤的田樂。

煮的田樂傳到關西地區的時候，因為關西稱御田是指烤的田樂，所以就把東京傳來的煮的田樂稱作「關東煮」，以別於關西的「御田」。

東京的御田或者關西地區稱的關東煮，都是用鰹魚片、昆布入味作為湯底，裡面長時間燉煮蒟蒻、牛筋、白蘿蔔、炸豆腐皮、魚肉泥竹輪、水煮蛋、魚丸、油炸豆腐圈等食材。根據日本全家便利商店、7-11、Lawson 三大便利商店對消費者最喜愛購買的這些御田、關東煮內食材的調查，三大便利店的調查結果都一樣，第一名是白蘿蔔，第二名是水煮蛋，第三名則是白蒟蒻絲卷。

在東京都文京區的湯島町有一家叫「こなから」的御田專門店，這是一家常常連續數日預約都客滿的名店。這家店有一個作為招牌象徵的葫蘆形煮御田大銅鍋。這個鍋子是店家特別訂製的，因為材質全部是純銅所製，所以受熱十分均勻，煮起食物來特別有風味。據說這個鍋子當初訂製時要價一百萬元日幣。こなから所用的煮御田食材和別家另有不同的是，他們店裡會用三陸地區產的牡蠣以及店裡的名物——煮紅豆沙丸子（あんこ玉）。

其他御田食材比較特別的，比如靜岡縣臨海的燒津市會用鰹魚的心臟，北海道和香川縣的一些商家會用酪梨，沖繩縣會用豬腳，福岡縣博多則有用餃子卷。還有一個比較特別的是滋賀縣近江八幡地區會用赤紅色的蒟蒻，據說這是因為怪人織田信長覺得一般的蒟蒻看起來太土氣，於是命令製作蒟蒻時要把它染做成紅色的。

御田後來在台灣也發揚光大，當然口味和煮物與日本仍有稍稍不同，比如日本的御田裡不會有台灣才吃得到的美味豬血糕。御田的日文發音因為和台語的黑輪發音很像，所以後來御田、關東煮在台灣也就有了漢字寫法——黑輪。

開學文　日本的小學生書包　二十五日

今天台灣各地中、小學開學。

在日本，小朋友上國小一年級時，家裡會幫他準備一個上學書包。我們看卡通《櫻桃小丸子》時小丸子和她的同學們背的那種日本小學生常背的書包，日文發音唸起來叫「RANDOSEIRU（ランドセール）」。原來是從荷蘭文的「ransel」來的。

一八八七年（明治二十年）當時還是嘉仁親王的皇太子也就是後來的大正天皇，要上學習院初等科念書時，首相伊藤博文仿當時日本陸軍將校的背包做了一個後背書包送給太子當上學賀禮，後來這種書包形式也開始漸漸為民間知悉使用。全國普及使用則已是一九五五年（昭和三十年）經濟高度發展以後的事了。

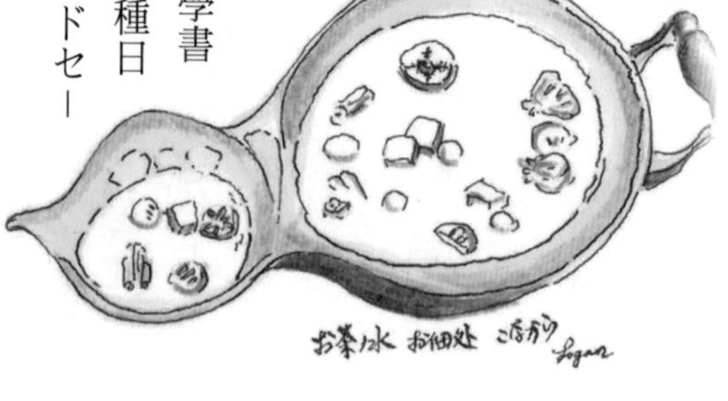

這種可愛的小書包通常都是由小朋友的阿公阿嬤送的，讓小朋友可以背到小學六年級畢業，祝福他們好好念書、學業順利。

去年我無意間發現東京有一家製作這種書包已六十多年的公司也做了這類大人版的小學生書包。外型和質感非常吸引我。上個月去京都旅行，趁老婆帶兩個小孩去吃晚飯時，我很執著與快速地跑去這家公司的京都店鋪買了一個「大人のランドセール」（大人用的小學生書包）。

今天要開學了，我決定開箱使用，背來上班。

前兩天在家裡揹著走來走去，然後很期待地問一下女兒和老婆好不好看。

小女兒看了大笑說：「憨，很憨。」

大女兒看了很不想理我，說：「你，可以不要那麼中二嗎?!」

老婆看了說：「小明、小明、小明，你什麼時候要回台灣哦……」

其實，對很多成年人來說，如果真的可以帶得走，如果時光真的還可以再重逢，那些童年的東西，那些記憶裡總是溫暖、熠熠發亮的東西，他們真的很希望可以一生都懷抱著、擁有著、背負著吧！

三月 *March*

菊池寬、文藝春秋一百年了　六日

二〇二三年舊曆年年假去日本旅行一週，要回台灣的時候在羽田機場的候機區書報攤看到這一期的《文藝春秋》。這一期主題是「覺醒吧！日本一〇一建言」。沒有細翻下，我很快就拿起一本結帳帶走。除了因為登機時間快到了之外，這一期的封面印刷著「創刊一百週年」、「二月特大號」，讓我不加思考的覺得要帶走一本，像做紀念物一樣。

菊池寬（1888-1948），大正、昭和時代的小說家、劇作家、記者。一九二三年一月，《文藝春秋》創刊，發行編集兼印刷者正是菊池寬，出版社則為春陽堂。當時其他的雜誌像《中央公論》，特價一本一円、《新潮》雜誌一本八十錢，而剛創刊的《文藝春秋》則以超低價一本十錢問世。《文藝春秋》創刊號三千本在當時一出版上市後立刻銷售一空，下一期販售量又更突破增長。有名的「特別創作號」——第五期雜誌，則賣出了一萬一千本。

這本雜誌是當時已成為人氣作家的菊池寬為了年輕輩作家而創刊的雜誌。從一九二三年（大正十二年）一月創刊號起，一直到一九二七年（昭和二年）九月號，每個月的雜誌「刊頭」都由當時的大眾作家芥川龍之介發表〈侏儒的話〉散文連載。菊池的長年好友芥川龍之介在一九二七年七月過世。在芥川的葬禮上，菊池發表悼詞，讀到一半就已泣不成聲。一九三五年，菊池為了獎掖新人作家而創立芥川龍之介賞，並親自擔任十一席選考委員中的一席。

菊池出生於日本四國地區的香川縣高松市。京都帝國大學英文科畢，學習英國近代戲曲，曾經發表過《屋上的狂人》、《爸爸回家》等戲曲，但是沒有受到注目和賞識。後來入《時事新報》擔任記者。一直到一九一八年（大正七年）發表了小說〈無名作家的日記〉、〈真珠夫人〉、〈忠直卿行狀記〉等作品後，才一躍而成為暢銷作家。

一九二三年，菊池創辦《文藝春秋》雜誌。一九二六年他發起設立日本文藝家協會。為了獎勵新人作家，他創立芥川龍之介賞、直木三十五賞，為了表彰年長的作家，他創立了菊池寬賞。菊池寬賞現在已經是日本著名的表彰文藝、電影等各個文化領域卓有功績的個人或團體的獎項。

菊池是一位非常重視言論自由的文人，也曾經投身過眾議院議員選舉但落選，一九三七年（昭和十二年）時則曾當選過東京都議會議員。他曾說「左傾也好、右傾也好、為了我們人類，獨裁主義的國家絕對不是宜居的國家」。此外，他也是一名老菸槍，而且他抽菸不習慣用菸灰缸，常常把菸頭摁在榻榻米或椅子的扶手上，所以他家裡到處都可以看到菸疤，當然更不介意隨手隨地彈菸灰。

一九四八年一月他的好友前文藝春秋專務鈴木氏亨突然過世，菊池備受打擊，二月因腸胃不適臥病在床。身體好些後，同年三月六日他把好友和主治醫師找去家裡辦了一個身體康復的慶祝會，吃了他愛吃的壽司後，在上二樓時突然狹心症發作，遽然過逝。據悉過世時菊池握著太太的手，口裡則呼著他兒子的名字「英樹、英樹」……。

菊池葬禮告別式當天，他的家屬公開了他的遺書內容，寫著：

我，沒有什麼天生的才賦、成就文名、沒有犯什麼大過地過了一生。我覺得自己非常幸福。在此辭世之際，要向知交友人以及各位多年的讀者表達我深深的謝意。唯願唯祝國運昌隆。——吉月吉日　菊池寬

五月

May

淺草寺與淺草神社之緣　十九日

東京著名的淺草寺旁邊有一個淺草神社。淺草神社裡供奉三個神明。

由來是很久很久以前有兩名漁師，一位叫濱成，一位叫武成。兩人有一天捕魚時魚網撈到一尊人型像，於是跑去問地方上一位叫真中知的博學先生，真中知看了告訴他們兩人這是一座尊貴的觀音像。

濱成和武成於是向神像許願，希望可以漁獲滿滿，結果隔天果然大豐收。

真中知後來出家，並用自己房子蓋了寺廟供奉這尊神像，這間寺廟就是有名的淺草寺。

真中知的後人則於西元一六四九年在淺草寺旁蓋成淺草神社，供奉的三位

主神就是真中知和兩位漁師，濱成和武成。

每年五月第三個禮拜五到禮拜天就是熱鬧的淺草神社「三社祭」時期。「三社」名稱的來由是因為淺草神社的舊名原來是「三社大權現社」、「三社明神社」。供奉著檜前濱成、檜前武成和土師真中知三位先生。

淺草寺這個區域裡雖然也有許多富裕的地主人家，但從江戶時代以來就充滿著下町文化的庶民活力氣息。也許和世界其他國家宮廟祭典活動一樣，人多、事多，組成參與分子也多。祭典活動在日本也常常是黑道、暴力團的資金來源和「共襄盛舉」的活動，活動中常常可以看到身上刺青的黑道兄弟。

根據一項二〇〇七年的統計和報導，三社祭期間扛轎輿的三十幾個同好會裡有七成都是道上兄弟出任代表。因為道上的兄弟成員在參與扛轎活動登上轎頂時常常引發一些騷動行為，二〇〇八年起就中止了他們扛本社神轎的活動。二〇一二年配合東京《都暴力團排除條例》的實施，主辦單位會要求參加人員不要穿著上面有黑道團體名稱的袢纏短上衣，二〇一五年起則訂出扛神轎的扛手刺青禁止的規定。

在祭典的朝氣熱浪聲中，東京下町的夏天也慢慢到來。神社附近的竹籬圍牆上，正開著這個季節的白色山梅花……。

美麗森林裡的寶寶　二十日

在日本有一些地方把今天定作「森林之日」。

一九八九年岐阜縣的美並村、三重縣的美里村、德島縣美鄉村等十個村名開頭是「美」字的日本村子，共同發起召開了「美麗村莊高峰會」，每年集會交流討論鄉村人口流失、高齡化以及自然保護等問題。一九九九年這十個村子決定組成「美麗村聯邦」，並且定五月二十日為「森林之日」。

之所以定五月二十日是因為，「森林」這兩字一共有五個「木」字，筆劃數一共有二十劃。

這個季節可以去看一看、找一找森林裡的捲葉象

鼻蟲。捲葉象鼻蟲又叫搖籃象鼻蟲，象鼻蟲媽媽為了繁殖下一代時，會找好適合的植物葉，從葉片前端把它咬折成二個部分，然後開始往上捲葉子，邊捲邊把卵產進捲葉裡。這個捲葉就像個搖籃，保護象鼻蟲寶寶平安孵化長大。

在森林裡的木莓、野玫瑰、枹櫟、紫藤葉裡，可以找找牠們。看看這些在森林的小小搖籃裡被媽媽呵護出生、成長的寶寶們。

自然、森林、動物、昆蟲、溪流、河川、花朵……這些造物主生成在地球上的景致和生命似乎都有一個共同的本質元素，就是「美」。十九世紀的俄國作家杜斯妥也夫斯基曾說：「美會拯救世界（beauty will save the world）。」在今天這個宗教上所稱「五濁惡世」的末法時期，「美」其實不是抽象的想望，而是一股實質救贖的力量。它豐富滋養我們的生命，也讓人間不致無限地腐化醜陋，而得以仍像是人間。

日本史上的小學校開校　二十一日

今天是日本「小學校開校之日」。五月二十一日。

「小學校開校之日」不是小學生開學日哦，它是指明治二年（西元一八六九年）

日本最初的近代小學開校之日。算一算正好是我出生前一百年。

一八六九年五月二十一日，這一天在日本有兩所小學開校。都在京都。一所是上京區的上京第二十七番組小學校，也就是後來的柳池小學校。一所是下京區的下京第十四番組小學校，就是後來的修德小學校。這兩所日本全國最初的近代小學校不是政府設立的，它是幕末維新時期的京都賣香的香商鳩居堂第七代當主——熊谷直孝捐資並號召鄉人所建。日本真正由國家訂立「學制」、全國普遍設立小學、六歲以上不分男女開始進行義務教育，則是三年後一八七二年的事了。

今天在一年二十四個節氣上叫「小滿」。

節氣走到小滿的時候，越了去年冬天發芽成長的穀物們，此時開始結實吸漿飽滿。這個時候在西日本已進入梅雨的最前緣，通常小滿一週後梅雨季就正式登場了。

小滿之日萬物盈滿，草木枝葉茂盛，在日本溫暖的地方，紅花已開始綻放。

樹　二十二日

我很喜歡看樹。

樹有樹靈，而且有很高的智慧。

去年農曆年，我一時興起去了京都府臨日本海的舞鶴。舞鶴有歷史悠久的軍港，也有很多故事。

那天我特地走了一段路，想去參觀日俄海戰大將東鄉平八郎元帥以前的官宅。但是不巧，遇到當天館休，進不去。只能隔著東鄉宅邸牆踮著腳，看院內的庭徑，勉強窺看院內的冬風。

後來，我突然從外看到東鄉宅邸後方的突聳山丘，看到山丘上搖曳著不知已歷過多少年歲月的老樹。

對啊，這些老樹，一百年、二百年、三百年……，它們都眼睜睜經歷看過啊，將校車馬出入、燈火輝煌宴飲、帝國戰火凋蔽……

老樹還在。

老樹一直慈祥溫暖地看著人來人往的歷史。

每天早上，在我上班必經的台北羅斯福路愛國西路交叉口，可以看見師專附小的老樹。這樹參天、根深，應該也很久很久了吧！

我想到快一百年前我祖父就在這裡念書。日治時代台北師範學校。

我有時就這樣一直盯著看著老樹。想問它，您也認識看顧過我阿公吧？

他年少翩翩十五是如何樣呢？

他也和少年兄弟們一起在您面前飛揚跋扈過吧？

他有和他少年時的美麗戀人在您身下相約過嗎？

他有沒有跟您說，您會長長久久，看顧著我們土地上的代代子孫呢？

在葡萄柚的月色裡接吻

二十三日

在日本，今天是「Kiss 之日」。

一九四六年（昭和二十一年），五月二十三日。日本松竹映畫公司出品的電影《二十歲的青春》在日本上映。男主角大坂史朗和女主角幾野道子在電影中演出接吻畫面。這是日本第一次有接吻畫面在電影中登場。上映後這個初次的衝擊場景讓日本電影院連續幾日爆滿，盛況空前。

當時日本的電影要上映前都要接受GHQ（駐日盟軍總司令部）審查。《二十歲的青春》原來劇本裡面場景是男女主角擁抱，但是後來申請改為接吻並獲審查通過。在那個年代的時代時空氛圍裡，接吻被視為是民主與自由主義的象徵。

日本繪本與隨筆作家大成由子（おーなり由子）寫的《歲時記》隨筆文裡曾形容，今天「接吻之日」晚上的月色是葡萄

柚的顏色。空氣裡滿溢著甜甜的味道。甜蜜的夜晚街道裡，此刻是戀人們接吻的時間。

食堂車　二十五日

今天，食堂車之日。

一八九九年（明治三十二年），五月二十五日，日本山陽鐵道一等列車首次出現加掛「食堂車」車廂。

大成由子寫〈食堂車之日〉（食堂車の日）時，回憶起剛結婚時和新婚夫婿兩人一起搭新幹線到東京的往事。

那天晚上，她和先生兩人一起到食堂車車廂用晚餐。因為人多，於是和兩位看起來像上班族的陽氣十足男士們併桌。當她和先生看著菜單想「要吃什麼好呢？」的時候，對面突然傳來「你們是來自何地？」的詢問聲。然後他們開始交談、對方幫她們夫婦倒酒、還點了許多菜請他們夫婦一起吃。吃到後來她們夫婦不好意思地表達希望自己付帳時，對方還是熱情地說著：「不要客氣，好吃，多吃些、多吃些……」

由子說，就這樣，在新幹線的食堂車裡，彼此互不相識的人，一路快樂地交談、用餐到了東京。

下車的時候，兩位先生跟他們道別時說：「你們要一直互相好好的在一起哦！」

新幹線在二〇〇〇年的時候已全面取消食堂車車廂。現在日本一般鐵道列車已沒有常時營業的食堂車車廂，但是以觀光目的為主的，像JR「SevenStar in 九州」的 Joyful Train 則還有。

食堂車裡，有昔日之情，有昔日之味。

Arthur Hesketh Groom　二十四日

今天農曆四月十三，後天就十五月圓。

這個時期日本的稻田已結束插秧，月夜裡引了水的一個個梯田水面上，到處都是月亮。日文說這景象叫「田每の月」（每個梯田裡都有月亮）。意境有點像中文

能登
里山里海号列車
Logan

小說《千江有水千江月》之名。

「田每の月」景象最有名的地方應是長野縣千曲市姨捨山區的梯田。姨捨山區的梯田背著冠著山，夜裡一段段的梯田水面裡，到處映著美麗的月亮。

今天也是日本「高爾夫球場紀念日」。一九〇三年英國貿易商人亞瑟・赫斯基思・格魯姆（Arthur Hesketh Groom）在神戶六甲山上蓋了日本第一個高爾夫球場。這個球場在一八九八年開始施工，一九〇一年完成四個洞球道，並以此為基礎，在一九〇三年成立了神戶高爾夫俱樂部。接著在一九〇三年完成九個洞球道，一九〇四年完成十八洞球道。

一八六八年，格魯姆二十二歲時到達日本做生意，此後直到一九一八年七十二歲過世前，在神戶工作與生活了五十年。他娶了一位日本寺廟住持的女兒，一生非常喜愛日本，被形容是「比日本人還愛日本的人」。他是首位在當時還是不毛之地的六甲山蓋山莊的人，山莊名稱用的就是他在神戶開的商館番號——一〇一。

格魯姆被六甲山的自然景色深深吸引，日本人暱稱他為六甲山的開山祖、六甲市長。據說他傾力投注於六甲山的開發與自然保護的機緣由來，是因為他的第五個兒子是一位瘖啞人士。格魯姆覺得這是因為自己過去長期熱愛狩獵殺了許多生靈而讓兒子遭受業報，所以為了滅去自己的罪業他戒去打獵的嗜好，並以守護有眾多動物居住的六甲山為終生職志。

有幾個關於格魯姆的神奇真實故事如下：

格魯姆曾經保護藏匿一隻正被獵人追趕獵殺的狐狸，後來這隻狐狸自此就棲住在格魯姆的山莊附近。牠常常溫馴地棲息在格魯姆懷裡，但是並不讓其他人靠近。一九一八年，格魯姆過世後，這隻狐狸也消失蹤影，但是一九一九年的時候忽然有一位自稱被狐狸附身的男子到格魯姆在神戶市中山手通的家拜訪其家人。後來家人們就決定在六甲山蓋一個祠堂祭祀這隻狐狸。被格魯姆保護的這隻狐狸尾巴是白色的，所以祠堂就命名為「白髭神社」，地點就在現已休業的六甲山飯店西側。

另一個故事是，高爾夫球場還在施工時，有幾個外國孩子惡作劇，破壞了一個原本在施工預定地內的地藏石像的頭。格魯姆知道後就幫這尊地藏石像做了一個新的頭安置回去併供奉於自己的山莊內，然後又做了一尊新的地藏石像安置於原地。後來這尊地藏就被稱為「格魯姆地藏」，神奇的是後來附近又湧出了泉水，且泉質受到相當好評。

一九一一年，有人提出建一個紀念碑來表彰格魯姆開發六甲山的功績。但當時格魯姆以「我不是神，要做等我死後再做」而拒絕了。這個六甲山開祖之碑後來還是建起來了，但在太平洋戰爭時期一九四二年時被日本軍部以「敵國人的顯章碑」為名而毀棄，直到二戰終戰後一九五五年才再被以「六甲山之碑」重建。

一直到現在，每一年當地都還有配合六甲山開山活動的格魯姆祭，紀念這位一生深愛日本與六甲山的「英國日本先生」。

如果您也喜愛高爾夫運動，下次也許可以去這個在神戶六甲山上的日本第一座高爾夫球場神戶高爾夫俱樂部走走。當然，也不要忘了去格魯姆銅像前，向他說一聲Hello，感謝他對六甲山的開發與守護。

坂本龍馬的新婚旅行　二十七日

昨天寫日本杜鵑時有提到一個叫「霧島杜鵑」的品種。一八六六年坂本龍馬去九州新婚旅行時，在寫給他姊姊坂本乙女的信中曾經提到與新婚妻登霧島山時看到五月盛開的深山霧島杜鵑的讚嘆。

一八六六年三月初「寺田屋事件」時，龍馬雖然拿出手槍出來應戰保了一命，但是手部還是受了傷。三月二十八日龍馬和女友楢崎龍結婚當天，西鄉隆盛和小松帶刀跟他說九州霧島的「塩浸溫泉」治傷很有療效，建議他前往。於是四月中龍馬就帶著新婚妻離開京都，從大阪一路搭薩摩藩的船經長崎到鹿兒島。同行的還有小松帶刀、西鄉隆盛、桂久武、吉井幸輔、中岡慎太郎、三吉慎三等一堆電燈泡。

龍馬這趟新婚旅行一去去了三個月，一到塩浸溫泉就住了十一個晚上。期間他去爬了霧島山、高千穗峰、遊犬飼滝溪谷，訪霧島神社撫觸千年大衫，也造訪並浸泡了榮之屋溫泉、霧島溫泉、硫磺谷溫泉、日當山溫泉⋯⋯。一直到七月中才離開九州返京。

龍馬的這趟新婚旅行被日本人稱作「日本人的新婚旅行第一號」（日本人の新婚旅行第一号）。很多日本旅行社都用龍馬的新婚旅行路線當旅遊推薦商品，霧島市市政府也長年用此做觀光行銷。

新婚旅行後的隔年，一八六七年，龍馬就在「近江屋事件」中殉身。這三個月的九州新婚旅行，應該是龍馬一生中最美麗與最甜蜜的時光吧！

燒傘舉火復仇 二十八日

一一九三年五月二十八日，是曾我十郎、曾我五郎兄弟為父報仇，刺殺幕府將軍源賴朝寵臣工藤祐經的日子。

報仇（日文叫「仇討」）這件事，在日本歷史和民間傳頌中有三件一直被流傳而廣為人知。一件是因男色而起的伊賀越仇討事件，一件是有名的為主公報仇的赤穗藩忠臣藏四十七人仇討事件，還有一件就是一千多年前今天兒子為父親報仇的曾我兄弟仇討事件。

「報仇」在日本這個武士之國歷史中，被表彰允肯的是武士維護名譽、權利、與報主尊親的武士義務與美德。

鎌倉時代，一一九三年五月二十八日晚上，曾我兄弟燒了身上的蓑衣與手上的番傘作為火把，對與大將軍源賴朝一同出遊狩獵的殺父仇人工藤祐經進行仇討。

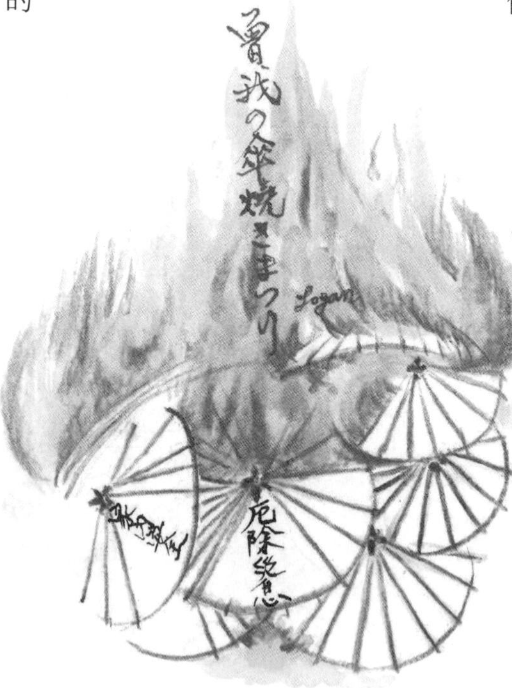

仇討行動雖然成功報了殺父之仇，但是哥哥十郎當場殞命，弟弟五郎被捕後也遭處斬。

付出失去生命等級的嚴重代價，是每一個武士仇討之前必須有的覺悟。

現在，每年這一天，神奈川縣小田原市的城前寺會收集附近家家戶戶的古傘以及上面寫了祈願心聲的油紙傘，集中後在寺內的曾我兄弟墓前焚燒，並由僧眾在旁唸經進行法要。這一天該地傳統上還會舉行兒童相撲比賽、舉火把遊行活動以及曾我兄弟故事的浮世繪展。「燒傘」的儀式通常也是由兩位幼童扮演曾我兄弟，在大人的協助下引火進行。

二〇二〇年因為疫情關係，燒傘祭事（焼き傘祭り）等活動不得不中止停辦。

呉服、和服、作務衣　二十九日

今天在日本是「呉服之日」（呉服の日）。

這是由全日本呉服零售公會總聯合會所訂。之所以選這一天是因為五（ご）二（ふ）九（く）三字的日文發音和「呉服」的日文發音相同。

吳服簡單說就是和服用織物的總稱，主要是絹織物。「吳服」兩字由來最早是指三國時代吳國來的編織物。

和吳服相對的叫「太物」。太物指的是棉織物或麻織物。在江戶時代，吳服屋賣上等的絹織物和服，太物屋賣一般日常穿用的棉織物和麻織物和服。明治時代以後一般日常生活大家都改穿洋服，穿和服的人變少，太物屋也就逐漸式微了。現在日本城市街上的吳服屋，就是和服店的總稱。

吳服屋裡賣的和服對我們台灣人而言，一來價格並不便宜，另外穿著的場合少，穿搭也不是我們的文化，所以很少台灣人會去買。台灣人比較會穿的多半是去日本洗溫泉和看花火時的浴衣。

關於和服，我個人經驗推薦台灣人

旅遊日本時可以買件作務衣（さむえ）回來試試。作務衣最早是日本僧侶在寺廟進行日常勞力作業時穿的裝束，到了近代已變成很日常的居家裝束和一些專業職人工作時的舒適穿著。我自己即使在台灣，下了班晚上和朋友約了居酒屋喝酒，也是洗了澡後穿上作務衣配上拖鞋就出門了。

我覺得作務衣是非常適合喝酒時的輕鬆裝束。

我常常和老婆小孩逛 Costco 大賣場也穿作務衣，只是她們看了會叫我離她們遠一點。（笑）

在日本抽菸

三十一日

世界衛生組織（WHO）訂今天為「世界無菸日」。在日本，厚生勞動省也訂五月三十一日至六月六日期間為「無菸週」。

依據日本厚勞省二〇二〇年的報告，日本人習慣性吸菸者的比率為十七點八％。男性的吸菸率二十九％，女性為八點一％。上一個世紀以來，日本習慣性吸菸者占人口比率的高峰在昭和四十一年（一九六六年），當時成年男性吸菸率高達八十三點七%，之後這五十年間逐年下降，到今大約減少了五十六個百分比。

喜歡去日本旅行的台灣吸菸者可能比較關心的是，「日本餐飲店裡面現在到底可不可以吸菸？」

根據二〇二〇年四月日本新修正的〈健康增進法〉，規定是這樣的：

一、飲食店內除了設有吸菸室和加熱式菸草吸菸室外，禁止吸菸。在日本，吸菸室和加熱式菸草吸菸室在法規中兩者是不同的。吸菸室內禁止飲食，加熱式菸草吸菸室內僅能吸用加熱式菸草，但可以飲食。

二、專門以提供吸菸為服務的場所（比如雪茄吧），店外並貼有吸菸目的室的標誌圖樣的店家，店內（全部或一部）可以吸菸也可以飲食。

三、二〇二〇年三月三十一日前開店，客席面積在一百平方公尺以下且資本額在五千萬日元以下，店外並貼有吸菸可能室的標誌圖樣的店家，店內（全部或一部）可以吸菸也可以飲食。

簡單講，在日本吃飯喝酒時，找那種「小小老老的」店，看到外面有貼吸菸可能室的店，裡面就可以抽菸。其他近幾年來，日本對菸品使用的規制已經相對於過往昭和時代，那種日本到處都可以吸菸的印象，嚴格非常非常多了。

六月

June

五月雨、五月晴、五月蠅、五月綠

一日

一八七五年（明治七年）今天，日本首次設立氣象台。所以今天是日本「氣象紀念日」。

新曆六月正是梅雨的時期。但是現在通常都是農曆五月。所以梅雨在日本也被寫做「五月雨」，日文唸作「さみだれ」。

梅雨期間有時也會有突然還晴的日子，那樣的晴天就被稱寫為「五月晴」，日文唸作「さつきばれ」。

突然想到十幾年前我在京都看到一個茶杯，杯身其實很素，但是上面手寫的字我覺得寫得很好，就買下來了。上面寫的「今日晴，昨日雨，江月照，松風吹」，現在想想，啊，就是這個季節景致吧。

日文單字裡還有一個「うるさい」，日文漢字寫做「五月蠅い」。意思是討厭的、煩人的。就像五月的蒼蠅一

樣惱人。我覺得這個「うるさい」日文用「五月蠅」漢字來配實在配得維妙維肖。

日本還有一位資深的女藝人叫「五月綠」（五月みどり）。五月綠後來在靜岡縣熱海市開了一家服飾品店，到伊豆半島旅行搭電車經過熱海附近時在電車上常常可以看到這家店高聳的招牌。

談起五月綠，啊，那是很多現在中年男士少年時代的維納斯。

巷子步行會　二日

在長野縣有一個下諏訪町。下諏訪町在江戶時期因為位處在中山道和甲州街道交通要衝，所以住宿店家和驛站很多，是一個熱鬧繁華的古町。町裡建築多，巷弄也很多。

巷子，在日文叫「路地」。

一九九五年這個下諏訪町的一些町民發起成立了「巷子步行會」（路地を歩く会），號召「大家一起走走巷子」。每年六月二日他們都會舉辦這個巷弄散步、探訪活動，讓自己和更多人藉著行走，更加了解地方的歷史、文化與巷弄之美。這個走町巷弄的活動路程大約有六公里，每年大約都有五十多人參加。

二〇〇一年這個下諏訪町的巷子步行會向社團法人日本紀念日協會申請訂六月二日為「巷子之日」（路地の日）並獲同意。之所以選這天是因會六（ろ）二（じ）和日文「路地」二字同音。這個小小的巷子散步會活動，近三十年來帶著許多人漫遊與體會地方古老巷弄的文化與美，對地方與町民做了很多很好的貢獻與服務。

在下諏訪町巷子裡散步時會常常看到巷子裡民家的古老格子狀「海鼠牆」（なまこ壁）。日文漢字「海鼠」就是中文說的「海參」。日本人覺得那構成格子的一段段白牆段，形狀看起來就像海參。海鼠牆除了下諏訪町有，靜岡縣的松崎町也有不少。

有閒暇的時候，多多在自己住的社區、村子、小鎮巷子走走。越走會越了解自

己的家園，越走會越有感情，越走會越有溫暖的力量。

熱愛昆蟲熱愛生命　四日

漫畫家手塚治虫的本名叫「手塚治」。念小學的時候受到他同班同學石原實（大阪淀屋橋一百八十年老鋪石原鐘表店社長）的影響開始對昆蟲產生極大興趣。

手塚家在寶塚的大院子本來就是昆蟲寶庫，旁邊的田園更有許多蟲子，非常方便採集昆蟲。手塚先生小時候原本名字的「治」字日文發音是 osamu，但是他太熱愛昆蟲了，所以後來他又把 osamu「治」的尾音又加一個 shi 的發音變成 osamushi，mushi 日文發音寫成漢字是「虫」，所以 osamushi 日文發音寫成漢字就變「治虫」。從此「手塚治虫」就從他的綽號、筆名、作家名一路伴隨他，一路走進日本漫畫歷史殿堂。

一九八八年（昭和六十三年）在手塚治虫號召下成立的日本昆蟲俱樂部制定了「蟲之日」（虫の日）。並且以構築一條可以讓昆蟲居住的街為目標。虫の日在二〇一八年被社團法人日本紀念日協會認定登錄。日期就是和日文「虫」——六（む）

四（し）發音相同的今天。

順道一提的是，向日本紀念日協會提出這節日的申請者是東京大學名譽教授養老孟司。養老教授其實是一位現今已八十五歲的解剖學者、醫學博士。他也是少年時起就對昆蟲採集有極大興趣，在長年思考自然與生命問題後，認為對蟲的祭祀供養也是一件重要的事，於是在神奈川縣鎌倉市的「建長寺」建立了一個「蟲塚」。現在每年許多日本各地的昆蟲學家，會定期聚集在此進行佛事法要。

這個蟲塚的設計者，是在台灣也很知名的建築家隈研吾先生。

老後之日　五日

依據世界衛生組織 WHO 的定義，六十五歲以上高齡者占人口比率（高齡化率）超過七％的社會叫「高齡化社會」。超過十四％的叫「高齡社會」。超過二十一％的叫「超高齡化社會」。

日本高齡化率在一九七〇年（昭和四十五年）時是七點一％，二〇一五年（平成二十七年）時達到過去以來最高二十六點七％，等於成為四個人裡面就有一個高齡者的「超高齡社會」。如此下去，推算到了二〇三五年時日本的高齡化率會到三十三點四%，等於每三個人裡面就有一位高齡者。依據日本政府內部的調查資料，到了二〇六〇年時，日本人口中會有四十%是六十五歲以上的老人。

神戶市老人福利機構聯盟在二〇〇八年時發起定六月五日為「老後之日」。定這一天也是正好用日文的「老」「後」與六（ろ）五（ご）同音好記。希望喚起大家想想在超高齡社會中高齡者也好，年輕人也好，在想什麼？該做什麼？該進行什麼樣的行動，來共同支撐和促進這樣的社會的發展?!

他們用了一個標語，叫「高齡者的元氣，就是年輕人的元氣、社會的元氣」。

這標語看起來感覺很有元氣，也很讓人「流汗」。

日本還有另外一個有趣的調查，它是針對十幾歲到八十幾歲的人進行「幸福感」的調查。結果發現，和精力、體力都相對充沛的十幾歲年輕人相比，八十幾歲的人反而是幸福感最強的世代。也就是說依調查的結果，日本人的幸福感的感受高峰是在老年的時候。四十幾歲之前，人對幸福感的感受很低，四十歲後半後開始才慢慢有感。最後在老年、迎接老後的時候對幸福感達到高峰。

不過這個調查結果，好像也讓人感覺，「夕陽無限好，只是近黃昏」。（微笑）

梅法師 六日

「梅雨」這個名稱的由來在日本有一說法，說室町時代天文十四年四月十七日（新曆一五四五年六月六日），後奈良天皇在京都的賀茂神社舉行葵祭時，向神明獻上梅子。這時期的日本原本一直持續著晴天，不下雨，作物無法發育，田也沒辦法生植。但是天皇用梅子拜了神之後，瞬間突然雷鳴大雨，帶來五穀豐穰。所以人們就把這個「天惠之雨」稱作「梅雨」。並且在感謝梅樹的同時，把這個可以除疫招福的梅子稱作「梅法師」，把梅子相關食品當作吉祥的禮品來贈送。

梅子在日本大約一千三百年前起就是被當做食物和藥物的珍貴作物。用鹽醃過的梅子（梅干）可以常溫保存，並具有預防食物中毒和恢復疲勞的藥效。在日本食物中，梅干也是非常日常的副菜。

和歌山縣和歌山半島南端的南部田邊地區（田邊市周邊等地區）每年梅子產量約四點五萬噸，大約占了全日本梅子產量的一半。這個地區的梅子在向來農業和林業都無法利用的土質養分貧乏且坡面急斜的礫質山地坡面上，與薪炭林交錯生植。和歌山地區古稱「紀州」，這個地區的梅子就是有名的紀州梅。而有名的最高級木炭——紀州備長炭，就是用這個地區的薪炭林木材製成。紀州梅多年來歷經了多次品種改良，目前這個地區高品質的代表品種為紀州南高梅。

如今和歌山縣南部田邊地區已確立持續發展以梅子為中心的農業產業，現在每年透過梅子的生產、加工、運送與觀光等帶來的梅產業商機，約在七百億日圓。在資源有限的土地上，透過人們不斷的努力，梅產業為這個地區帶來了就業安定的地方繁榮景況。

白根大風箏合戰　八日

每年六月第一個週四到週日期間，新潟縣新潟市的白根町會舉行「大風箏合戰」。

大風箏合戰舉行的場地在流經縣內越後平原的大河信濃川的支流——中之口川的兩岸。中之口川川面大約寬八十公尺，大風箏合戰時兩岸民眾會各自升起面積二十四個榻榻米大的風箏，在空中互相纏鬥後使對方風箏落入川中，然後接下來雙方互相拔河，拔到把對方的風箏繩扯斷為止。這個活動號稱是世界上規模最大的大風箏合戰。

這個大風箏合戰的由來起因於江戶中期時候，白根町的町民們為了慶祝中之口川堤防改修工程完工，升起了藩主所贈送的風箏。結果風箏飛一飛掉到了河川對面的西白根町，砸壞了西白根町的民家與農作。生氣的西白根町町民們於是也升起風箏後把風箏丟到對面的白根町去。這樣丟來丟去就演變成了經年傳統的「白根大風箏合戰」（白根大凧合戰）。

白根町後來因為行政改制曾改成白根市，二〇〇五年又經行政改制被劃歸到新潟市的南區與秋葉區。每年「白根大風爭合戰」時期，新潟市內還會舉行北風祭、孩童大風箏合戰、市區遊行、風箏合戰攝影比賽等活動。

天空升起的美麗風箏像藝術品一樣，手上拉扯的是代代傳承的生命力與鄉土情懷。

三百多年代代舉行的白根大凧爭合戰，也是人間燦爛的景致。

鱧　九日

天氣開始熱起來。昨天看電視，東京最近的平均溫度已經超過三十度了。日本人有一個「天氣熱的時候吃長的東西可以增強精力」的民間說法。比如夏天的「土用之丑之日」（土用の丑の日）可以吃鰻魚增強精力，在關西的夏日則吃「鱧」（灰海鰻）。

每年京都祇園祭時期，在京都市內公車上也好、市內餐館海報或路邊雜誌也好，常常都可以看到鱧料理的廣告。超市的魚鮮販售區裡，鱧也是應景熱銷食品。所以也有人把祇園祭說是鱧祭，表示兩者在季節景象上的重疊呼應。

鱧體長通常在一公尺左右，和鰻魚一樣血液帶有毒性而且味重，所以不能生食。最常見和方便的作法就是湯引（涮燙）以後淋上柑桔汁醬吃。當然其他裹麵粉做炸天婦羅或和洋蔥一起煮醬油燒的作法也很多。在關西，鱧已經是很日常的習慣食物，但是在關東則除了標榜京料理的餐廳把牠當成高級食材來賣外，關東人很少吃鱧。

據統計關東一年的鱧的食用量大約只有關西的十分之一。

某些食物在日本確實是有強烈地域代表性的。比如河豚、石斑就是大阪、關西，高級食用魚在關東就是鮪魚。鱧也是每年大阪天神祭絕不可少的料理。在京阪以外的地區，很多地方也會把鱧魚肉去皮後打成魚漿做成魚板和天婦羅食用。

鱧的硬細骨很多，沒有廚師或魚店老闆用特別的料理刀去骨，一般人是不太容易完成去骨的。去骨、湯引後的鱧，魚片會蜷縮彎起，像一朵白色的牡丹一樣。越新鮮的鱧，魚片湯引後的牡丹開得越漂亮，不新鮮的開不出漂亮的白牡丹。

日本有一句俗話說「京都的『鱧』魚是山裡抓到的」（京都のハモは山で獲れる），這句話其實是在形容鱧的強韌生命力。因為以前送到京都的鱧主要是從明石海峽和大阪灣捕獲後走山路運去京都的。這鱧因為強健「古溜」，運送到山崎附近山區時跳出來，魚販為了要抓這些跳跑出來的鱧常常搞得滿身是泥，所以人家就說

「京都的體是山裡抓的」。

森永牛奶糖爺爺　十日

一九一三年（大正二年）六月十日，創業於一八九九年（明治三十二年）的森永製菓公司把公司主力商品「キャラメル」（caramel，焦糖）改名為「ミルクキャラメル」（milk caramel，牛奶焦糖）。這個牛奶焦糖就是傳賣了超過一百年至今的「森永牛奶糖」。森永公司的創辦人森永太一郎，他的祖父原本是佐賀縣鄰海的伊萬里市的陶器及漁貨大批發商。但是到他父親時家裡生意轉壞，六歲時父親就過世了。然後母親改嫁，幼少年時期森永太一郎就在親戚家中流轉渡過。由於到了十二歲都還不會寫自己的名字，太一郎本人就以教自己寫字為條件，到書店當住守在店裡的店員。接著，他十三歲時去做賣菜的行商、十五歲去伊萬里燒陶器批發商處當店員、十九歲到橫濱的「有田屋」陶器批發商處上班、二十歲結婚。然後為了幫破產的陶器商老闆還債，二十四歲時留下妻子和長女獨自一人去美國幫老闆賣破產貨陶器，前後在美國工作、打拚了快十一年……。

在美期間，太一郎曾為了糊口到美國家庭去幫人打掃和洗盤子，去烘焙店打雜、去餅乾糖果屋當掃地人員……。太一郎是一位身高一八〇公分的巨漢，但是在那段期間，從舊金山到奧克蘭，在當時人種差別主義仍盛行的美國，他經歷了許多低階、勞力的工作，在異國的日子裡，身心都承受了許多苦楚與磨練。也是在這個時期，他習得西式點心的作法並發現未來在日本的商機。

明治三十二年森永終於返國，並且在東京的赤坂設立了現在森永製菓的前身——森永西洋菓子製造所。回國前他在奧克蘭 Brooning candy factory & store 公司工作時的老闆夫婦告訴他：「不要做小零售，找一個房租便宜偏僻的地方做批發商。我們自己也是從只有兩坪大，睡覺也在那裡的自家空間做糕點開始！」

森永太一郎後來遇到他事業發展成功最關鍵、最重要的夥伴松崎半三郎。松崎本來只是森永的原料和機具供應商，後來禁不住森永誠意邀請終於成為他的事業夥伴。松崎在答應邀請前向森永提出了三個要求：

一、森永專注製造，川崎專注營業。各司其職。

二、個人商店發展有限，要盡快成立股份有限公司。

三、用人唯才，不論出身背景與學經歷。

這三點，太一郎全答應了。

松崎半三郎的的孫子松崎昭雄後來娶了森永太一郎的孫女森永惠美子。他們生下的女兒叫松崎昭惠。松崎昭惠二十五歲在廣告公司電通上班時，他的公司前輩介紹她給安倍晉太郎眾議員的祕書安倍晉三，兩人談戀愛後結婚了。松崎昭惠後來就是日本國總理大臣安倍晉三夫人安倍昭惠。

我現在有時到便利商店經過糖果區看到森永牛奶糖時，常常還是會忍不住拿起買個一小盒。倒不是因為嘴饞想吃，而是看到那個乳黃色的小包裝盒時，一下子很多昔時和童年的記憶似乎都會回來。

那個小小的牛奶糖紙盒可能也就像個小寶盒吧?!裡面收藏了很多人溫暖的回憶與風味，柔軟又甜蜜。

謝謝森永牛奶糖爺爺。

本格梅酒　十一日

日本知名的製造梅子酒公司Choya，在二〇〇四年的時候訂今天為「梅酒之日」

（梅酒の日）。

今天在舊曆上也是入梅，表示進入梅雨時期。日文書信一般起頭會有季節問候語，這個季節的書信，一般開頭即常常會寫「入梅の候……」作為禮貌問候用語。這個時期也正是日本青梅採收的時期和梅酒製造的季節。把採收後新鮮的青梅去蒂、洗淨、日曬一天後，和砂糖（最好用冰糖）、蒸餾酒（比較常用的有燒酎、泡盛、白蘭地等酒精濃度三十五％以上的蒸餾酒）一起浸泡，比例通常是一公斤的梅子對二百公克到一公斤的糖和一點八公升的蒸餾酒。浸泡製作的時間不是越長越好喝，根據調查，最受歡迎的漬泡時間是第二年飲用。

喝了爽口的餐前梅子酒，可以幫助大家渡過一個炎炎的夏天。

日本先前調查發現，從二〇〇二年到二〇一一年梅酒的的生產量增加了一倍，可是青梅的生產量幾乎沒有變化。原來這是因為除了原本單純以梅子、糖、酒精製作的梅酒外，市面上多了很多添加人工酸味料、香料的合成梅酒，然後在稅法上他們又都同樣以利口酒去分類，對消費者也產生不公平的混亂。所以日本洋酒酒造公會從二〇一五年開始就訂了一個「自主基準」，針對「只使用梅子、糖、酒，來製作的梅酒」可以在產品上標示「本格梅酒」（正規梅酒），以此區別並給消費者參考，保障消費者權益。

下次大家去日本要買梅酒時如不希望買到有添加人工物的產品，就可以拿產品外觀有貼寫本格梅酒的梅酒試試。

我個人的經驗是，梅子酒的口味因為有相當的酸甜口感，不像一般烈酒來得辛口或嗆衝，如果再加上冰飲，很容易讓人毫無防備心的一口接著一口下肚，然後就開始讓人感覺飄飄然。但是其實梅酒的酒精濃度一般都至少在十五％至十八％，比一般紅酒都來得高，大約像加烈葡萄酒。所以喝多了，後勁其實還蠻強的。而且甜口酒喝多比較容易膩，餐前適量的飲用開胃，還是最好的喝法。

愛戀與革命的印度咖哩　十二日

以賣麵包起家的東京新宿中村屋，營業至今已超過一百一十多年的歷史。日本最早做出奶油麵包（cream pan）販賣的就是中村屋。一百多年來除了和洋菓子和中華包子外，中村屋還有一個被號稱「一輩子一定要去吃一次」的產品：咖哩。日劇《明天的喜多善男——世界第一不幸之男》裡面，男主角規劃要自殺前最後一天的行程清單裡就有「要去中村屋吃一盤咖哩飯然後才要去尋短」的劇情。

今天對中村屋來說很有歷史紀念意義，因為中村屋訂今天為「愛戀與革命的印度咖哩之日」。

二十世紀初，近代印度國民軍奠基者，也被稱為「印度國民軍之父」的印度獨立運動志士拉希・比哈里・鮑斯（Rash Behari Bose, 1886-1945），因為刺殺英國駐印度總督，於一九一五年流亡到日本。當時的日本民間氣氛充滿著對推動亞洲解放運動各國人士的同情與支持，但是當時和英國締有日英同盟的日本政府，仍然命鮑斯必須離開日本。中村屋的創業者、也是當時的老闆，相馬愛藏夫婦，一方面同情鮑斯的遭遇，另一方也是受亞洲主義者黑龍會首腦頭山滿先生的請託，於是在自宅院內收留藏匿鮑斯。

鮑斯於一九一六年離開中村屋然後又輾轉換了一些地方藏身，但是這段期間幫助他對外聯絡與暗地裡協助他工作的，都是中村屋老闆相馬夫婦的長女相馬俊子。俊子和鮑斯後來結婚並且生下兩個孩子，但是因為長期協助鮑斯逃亡生活的辛勞，俊子女士在一九二五年就以年方二十六之齡不幸過世。

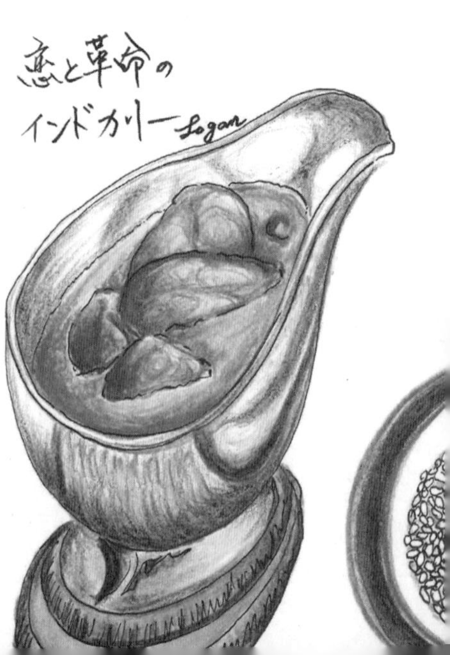

當時日本國內廣泛使用的咖哩主要是從英國進口使用小麥粉所製作的產品。鮑

斯覺得這和他祖國印度的咖哩完全不同。俊子死後與中村屋有深厚緣分關係的鮑斯想到引進真正道地的印度咖哩到日本，於是中村屋就在一九二七年（昭和二年）六月十二日今天，在東京新宿開設中村屋喫茶部（餐廳），販賣日本首次問世的「純印度式咖哩」。

鮑斯終其一生為印度的獨立奮鬥，一九四五年鮑斯去世，二年後一九四七年印度脫離殖民地處境獨立建國。

下次去東京，您也不妨去試試這個「愛戀與革命的印度咖哩」。

職棒「鐵人28」　十三日

一九七七年，日本首相福田赳夫依當年度八月制定的〈國民榮譽賞表彰規程〉首次頒發了「國民榮譽賞」，首位得獎人是王貞治。日本國民榮譽賞迄今一共有二十六人、一團體受賞。他們共同受賞的理由是「受到廣大國民的敬愛，在帶給社會光明的希望上有顯著的功績」。王貞治之後，三十多年來迄今陸續一共有三位日本職棒球員獲頒國民榮譽賞，分別是第二位的衣笠祥雄，和第三、第四位的長嶋茂雄、松井秀喜。

今天是日本「鐵人之日」。衣笠祥雄（1947-2018）就是那位「鐵人」。一九八七年六月十三日，日本職棒廣島東洋鯉魚（carp）隊的選手衣笠祥雄以二一三一場比賽連續出場的紀錄，打破了美國大聯盟選手盧・蓋瑞格（Lou Gehrig）所保持的二一三〇場連續出賽紀錄。一直到一九九六年被美國大聯盟選手卡爾・瑞普肯（Cal Ripken）打破之前，衣笠祥雄在引退日——一九八七年六月二十二日，一共樹立了二二一五場比賽連續出場的紀錄。

要締造、打破一個紀錄，除了努力、體力外往往還要有非常強韌的毅力。

衣笠留給日本國民最經典、最津津樂道的記憶之一是，一九七九年八月一日對巨人隊一戰。那一戰中，已連續出場一一二二場的衣笠上場打擊時被巨人隊投手西本聖的壞球強力擊中左肩，瞬間球場上還因此引發兩隊球員大亂鬥。由於球力極強，衣笠經醫生診斷後被判左肩嚴重骨折，痊癒時間至少需二週，連續出場紀錄極可能即將中止。

但是令人訝異的是，第二天八月二日對巨人戰，衣笠仍舊拖著他受傷的左肩，執著地握棒挑戰巨人隊王牌投手江川卓。那天當他上場那一刻，不只廣島隊的球迷站了起來，連巨人隊休息區上方看台的巨人隊球迷也都全部起立向衣笠致意。面對江川卓的投球，衣笠棒棒都使盡全力打出 full swing 揮擊動作，連續揮空三球後衣笠痛倒在打擊位置區，全場為之動容。

賽後在接受媒體的採訪報導上衣笠說，「第一球我是為了支持我們的球迷而揮擊」，「第二球我是為了我自己而揮出」，「第三球我是為西本君（西本聖投手）而揮」。

在一九八七年六月十三日打破連續出場世界紀錄時衣笠說，「我希望有一天再有人來打破我的紀錄。真正了解這個紀錄的偉大性之人，我想只有當事人本人吧?!」

衣笠的父親是二戰後盟軍在日本的非裔美籍士兵，母親則是一位日本女士。他被日本國民長期暱稱為「鐵人」，因為日本知名漫畫家橫山光輝曾繪有家喻戶曉的《鐵人28》漫畫，而衣笠祥雄在一九七四年之前的球衣背號正一直是二十八號。

他的一生帶給許多日本國民勇氣、希望與信心，是值得令人尊敬與懷念的人生。

職棒場上的球音

十四日

西元二〇〇〇年（平成十二年）的今天，日本職棒讀賣巨人隊在東京巨蛋球場出戰橫濱海灣星隊。當天球場上實施了一個活動叫「欣賞、享受球音之日」（球音を楽しむ日）。希望來場加油觀賽的觀眾都能自肅的不要使用太鼓、喇叭等大型聲量加油器具。希望球場上單純就是鼓掌聲、加油聲與讓人細細體會品嘗的「球音」。這個欣賞球音之日活動名稱則是由長嶋茂雄先生命名而來。

這樣的活動後來西武主場、樂天主場等也嘗試辦過，但是這樣的比賽現場氛圍最終似乎還是沒有被大多數日本球迷接受，沒有成為日本職棒觀賽的新文化。

對於看比賽是不是不要太喧譁比較好，我看了日本網友留言對話有些很有趣。一個網友說「那不是和『お通夜』（日本人亡者出殯前一天靜默守靈的通宵夜晚）一樣？」，另一個網友則回說「如果被問喇叭和『通夜』我要選那一個？我會選『通夜』哦。」贊成和反對的人都有。但是從那一天至今過了二十年，顯然日本多數球迷還是比較喜歡現場多元熱鬧一點的氣氛吧?!去年到今年因為疫情的關係，棒球場上不是自動變成「欣賞球音之日」要不就是「無觀客比賽」。想想實在令人不勝唏噓。

二〇〇三年，日本職棒阪神虎隊在鐵血教頭星仙一監督的領軍下，拿下整整隔了十八年才奪得的中央聯盟冠軍。那一年我正好在京都念書，研究所院生一年級升二年級。我以前在台灣時並沒有看台灣職棒的習慣，但是那一年，整整一年，幾乎只要有阪神虎出戰的場次我就一定會透過電視看比賽，不然就隔天看報紙上的阪神虎比賽結果。我也曾在和教授以及學長學姊的課後飲酒同歡會上，三杯黃湯下肚突然精神抖擻完整地唱起阪神隊戰歌〈六甲颪〉，立即引來全場大合唱……完全變成虎迷！那真是美好的記憶。

今天晚上又看了二〇〇三阪神奪冠那一夜影片，看到全場爆滿的甲子園球場，聽到大家像唱國歌一樣的唱起〈六甲颪〉，看到當年熟悉的檜山進次郎、井川慶、赤星、矢野，看到後來自盡的伊良部秀輝，看到也已逝去的、我最喜歡的星野仙一監督……，我又不自覺地唱起〈六甲颪〉，邊看邊唱中不自覺得引來眼眶熱。也許，這就是運動球賽迷人與讓人可以終生回味之處吧！

米百俵精神　十五日

日文有一個詞叫「米百俵精神」。「俵」這個漢字在日文裡指的是「裝稻米的草袋」。「米百俵精神」用中文來說就是「一百袋稻米（故事）的精神」。

戊辰戰爭中被新政府軍打敗的長岡藩，戰後的城下町頓時成了被野火燒過的原野一般，原本七萬四千石的年收也被減封到兩萬四千石，整個藩的藩士們都陷入了糧食不足的苦境。這時候長岡藩的支藩——三支藩，伸出援手送來了一百袋的米要給長岡藩。這個援助如旱逢甘霖一般，藩士們都非常高興。但是此時長岡藩的大參事小林虎三郎（幕末思想家、兵法家佐久間象山的學生）卻決定不把這些米分給藩士們，而是要把這一百袋米賣掉後得到的錢拿來辦教育、蓋學校。

小林這樣的決定在當時立刻引起了藩士們集結抗議。但是小林跟他們說：「一百包的米拿來吃的話瞬間就吃完了。但是如果拿來用在教育的話，明天會變成一萬包米、一百萬包米！」、「沒飯吃的時候正該重視教育」、「艱苦的時候更需要育成人才」。

一八七〇年（明治三年）這一百包米被小林拿去蓋成國漢學校（現在的長岡市立阪之上小學和新潟縣立長岡高等學校前身），為長岡的近代教育奠基，並在此後培育了許多肩負日本新生的人物。其中諸如東京帝國大學總長小野塚喜平次先生、解剖學醫學博士小金井良精、司法大臣小原直、海軍元帥山本五十六，都是拜這一百包米之賜所培育出來的人才。

這個一百袋米的故事後來被小泉純一郎首相在二〇〇一年就職演說時以「米百俵精神」一詞提出，向國民昭告「忍受今日之痛打造更美好明天的『米百俵精神』，不正是今天推進改革的我們所必需的嗎?!」這個詞也成為當年二〇〇一年日本流行語大賞的受賞用語。

新潟縣長岡市政府在一九九六年迎接建市九十週年時，定六月十四日為「米百俵日」。

嘉祥菓子一盒七個 十六日

六月十六日「嘉祥日」、「和菓子日」，吃「嘉祥菓子」除厄招福。

平安時代西元八四八年，由於當時國運民生並不安泰，第五十四代天皇——仁明天皇基於神諭，於是決定將元號從「承和」改為「嘉祥」，並於六月十六日舉辦儀式，向天神呈上和菓子、糕餅，以求祛除疫病、除災招福。後來每年宮中這個儀式就被稱為「嘉祥」。在室町時代，每年今天嘉祥之日，公家也會互贈糕餅，到了江戶幕府時代，每年更把嘉祥行事做到盛大。當時還曾在大會場上擺放兩萬多個嘉祥菓子以分發給幕府將軍的大名與旗本們。

嘉祥行事到了明治時代逐漸式微，一直到了昭和五十四年（一九七九年）日本全國和菓子協會基於振興與推廣傳統和菓子飲食與文化，定今天為「和菓子日」。鼓勵大家在這一天向自己地方上的和菓子店家購買和菓子，並與家人、朋友一同享用。除了祈願生活健康平安外，大家一起快樂地分享和菓子也是一件生活樂事。

這個時期百貨公司或地方和菓子賣的嘉祥菓子禮盒，裡面的數量通常都是七個，那是因為自古「六」、「一」、「十六」這個嘉祥日期傳說的典故意義關係。通常嘉祥菓子禮盒或擺盤，會用高級的杉木或檜木的白木片當底，七個和菓子間並輔以杉葉裝飾。在以前這個由將軍把和菓子放上白木片上賜給諸士的動作，也是嘉祥行事中重要的儀式。

日本古來放上白木片上這個行儀、習慣，有表示「獻上、賜給清淨之物」的意思與祝福。

人類從遠古以來，各個地區、民族都遭遇過疫病。

疫病一來蔓延之時，再多的財富與再大的權勢都不能保證自己與家人的平安。這時候人才會害怕，才會謙卑，才會敬天信神，才會反省自己。也許疫病本來就是上天定期對人的教示。疫病退散了，這個國家、這個人們，也就「嘉祥」了。

可以吃米飯的幸福　十八日

十幾年前我還在廣告公司上班的時候，曾經去拜訪過廠辦在新北市五股的一家著名米公司。記得當時該公司的副總經理和我閒聊時曾用客家話對我說「你沒扛過米吧？我以前都要扛米啊」、「現在米很難賣，現在的人都不吃米了……」。

稻米消費量減少不只台灣，日本也是。一九六〇年的時候日本人平均一人對米的年間消費量在一一四點九公斤，現在則幾乎減半，年間消費量只有六十公斤左右。

為了擴大米的消費量，防止年輕人與米漸漸疏離，一九七八年日本三重縣定每月十八日為「米食之日」，希望大家不要忘了米食的芳香與文化。之所以定十八日，是因為「米」這個字，拆開來看，可以由「十」和「八」兩個字來組成。

一九八七年在日本石川縣鹿西町內的「杉谷チャノバタケ遺跡」豎穴式住居遺

跡內，發現了日本最古早的「御飯糰化石」。這個御飯糰化石是一個已碳化的黑色化石，但是還可以看出顆顆米粒形狀。時間推算大約是在彌生時代（西元前三世紀到十世紀）中期。鹿西町後來改名叫現在的中能登町，該町現在也以「御飯團的故鄉」（おにぎりの里）之名來推廣觀光。

說到御飯糰，大家下次可以做做看玄米燒御飯糰。玄米就是糙米。把煮好吃剩了的糙米捏出飯糰型來（也可以去買老店日本橋木屋公司做的檜木製御飯糰壓製模型來押出。我用過，價格ＯＫ又很好用），捏製飯糰的時候加入一些黑芝麻或白芝麻可以鞏固形狀又增加香氣。兩面塗上醬油後放在淺抹了麻油的平底鍋上小火兩面熱煎，煎的時候芝麻和上了醬油的玄米會啪滋啪滋地響，很香。起鍋後外面包一片海苔，非常好吃。

我這幾年平常三餐已很少吃白米飯。

中年後少吃白米飯、精緻澱粉應該是對的。

但是，十幾二十代的少年郎應該多多吃米飯。可以生在台灣、吃好吃的台灣米，是非常幸福的。

和牛與馬刺身

十九日

日本有三大和牛：松阪牛、神戶牛、近江牛（或米澤牛）。

每個月的十九日是被財團法人日本記年日協會登錄的「松阪牛日」。

松阪牛其實不是一種品種。它是指將「黑毛和種沒生過小牛的母牛（主要為兵庫縣北部但馬牛以及其他黑毛和種牛）」在六至十二個月大期間就送到三重縣松阪市，以及松阪市近郊地區去肥育養成的牛隻。在日本它的另一個名稱是「肉的藝術品」（肉の藝術品），肉面紋路呈現霜降雪花是它的特徵。

我去熊本旅行吃馬肉的時候才知道，原來日本人吃馬肉的馬也多數不是日本馬。多半的肉馬也是在「素馬」（子馬）時產自國外，主要是加拿大，然後才再送到日本去「肥育」。

馬刺身吃起來不帶土腥味，一般賣馬肉的餐館料理方式很多都是刺身和燒烤兩種做法都有。燒烤馬肉片味道也不差。我吃過比較印象深刻的是熊本朋友點了馬肝刺身請我吃。馬肝刺身吃時淋上幾滴麻油，口感脆脆，新鮮食用完全不腥口。熊本市區有一家叫「らむ」的馬肉餐廳，我去吃過兩次，環境和價位都可以，裡面坐席都是紅色面的皮革沙發座椅。

至於和牛，我印象比較深刻的反而是去沖繩縣石垣島時曾經吃過的美崎牛。美崎牛雖然名稱不叫石垣牛，但其實也是在石垣島飼育長成。但因為它們在產銷上沒有加入當地石垣農會認證體系，所以不能掛石垣牛來行銷販售。但是美味完全不必懷疑，燒烤食用非常好吃。第一次去吃是好友自民黨籍石垣島出身的沖繩縣議員大濱一郎的介紹與帶領。非常感謝他。

另外在九州阿蘇地區旅行時，日本朋友也曾帶我去吃過美味的阿蘇赤牛丼飯，讓我印象深刻。這個阿蘇赤牛丼飯，飯上面鋪滿了口感半熟鮮嫩的棗紅色阿蘇赤牛肉片，中間打上一顆生雞蛋，本來就顆顆飽滿美味的九州日本米配上這些簡單卻味美的佐飯汁肉，不用再加什麼菜色，吃完喝一杯店家的熱茶，就是滿心的感恩與幸福了。

這家店名「いまきん食堂」的赤牛丼飯店在阿蘇內牧溫泉，是歷史超過百年的大眾食堂老店，有機會去阿蘇旅行時可以去吃一碗。

日本父親節　二十日

日本和美國一樣，父親節是每年六月的第三個禮拜天。今年二〇二一年的日本父親節正是今日。

這個訂法的由來起源於一九一〇年（明治四十三年）美國華盛頓州斯波坎市（Spokane）有一位杜德夫人（Sonora Dodd），因為感念前一年剛去世的父親，覺得這個世界上有感謝母親的紀念日子為什麼沒有感謝父親的日子呢（杜德夫人十三歲時母喪，她的父親獨立一人撫養帶大她們六位兄弟姊妹）？於是她把她的想法和教會牧師討論並且獲得牧師的贊同，進而與其他教會一起向市政府與州政府表達建議訂立讚揚父親的節日。

一九一六年（大正五年）、美國第二十八任總統伍德羅．威爾遜（Woodrow Wilson）訪問了最早舉行父親節祝典的斯波坎市，並進行父親節的演說。至此父親節開始為人所知。一九六六年（昭和四十一年），美國第三十六任總統詹森以總統告示的形式發表，定六月的第三個星期日為父親節。一九七二年美國國會通過正式定父親節為國定紀念日。

「父親之日」這種概念傳入日本大約是在一九五〇年代的時候，但是一直到了一九八〇年代日本才開始有了父親節這種固定的祝賀和慶祝節日活動氛圍。這可能主要要歸功於一九八一年日本成立了「日本 Father's Day 委員會」（日本ファーザーズ・デイ委員会）。這個委員會每年六月會舉行儀式頒發「最佳父親黃絲帶獎」給各領域一些著名的人士。比如藝人、音樂家、企業家、落語家、職業運動選手等，成為這個季節時的一個風物景象。

相對於母親節的康乃馨花，父親節的花在日本主要是黃玫瑰。之所以會送黃玫瑰，也和上面提到的日本 Father's Day 委員會每年舉辦的黃絲帶宣傳活動有關。日本人認為黃色有幸福、富貴、向上、希望、快樂、高興、溫暖、尊敬等意味，黃色也就成了祈願家庭幸福、敬愛父親的象徵顏色。在這樣的印象前提下，黃玫瑰就成了日本父親節的送禮花。

每年大約五月中開始，日本各百貨公司就開始陸續推出父親節商品。在這個日子，許多日本人帶著感謝的心情對父親做出感謝表達。禮品和台灣差不多，襯衫、領帶、手帕、啤酒、日本酒。

爸爸都是很好打發的，尤其是遇到女兒，可能更好被打發。（笑）

今天日本、美國父親節快樂。辛苦了天下的每一位爸爸們。祝爸爸們平安、快樂。

如山泉一樣甜美的生酒　二十五日

日本酒的賞味保存上有兩個基本要注意的點，一個是溫度、一個是紫外線。一般來說，日本酒裡的純米酒、本釀造酒可以常溫保存。吟釀酒、生酒則應冷藏保存。在市面販售的時候為了避免紫外線，好的日本酒會放入木盒內或者以新聞報紙包裹避免紫外線照射。

去年農曆年我和家人去京都府北邊的城崎溫泉旅行。在溫泉鄉商店街賣酒的雜貨店冷藏冰箱內，我被一支用報紙包住了的日本酒吸引住。因為我以前沒有買過這種包了報紙的日本酒，於是很快就決定拿這支酒在旅館晚餐時喝。

結帳時老闆愣了一下，看著我提醒說「這是生酒哦」、「一定要冷藏保存」、「開了以後一週內一定要喝完」……

當天晚上，這支生酒讓我非常非常滿意。其實我一年多前在秋田朋友家傳的二百多年歷史老酒廠內就曾經喝過「單純僅過濾、未加熱」的生酒。生酒喝起來口感完全不帶苦澀與嗆味，像在喝山泉水一樣，冰涼之後再喝，真是甘美香醇。

一般日本酒裝瓶前都會經過兩次加熱程序，但日本酒裡的生貯存酒只有一次加熱程序，生酒則完全不經過加熱程序。我想這也是為什麼生酒會喝起來特別甘甜，但也比較嬌貴不耐保存的原因。

生酒雖然好喝，但是台灣很少進口商會願意進日本生酒。因為日本酒本來就不耐放，生酒又更不耐放。商人擔心一旦銷售節奏不好，很多好酒就犧牲、本也會賠掉。

我在台北忠孝復興 sogo 百貨樓上的日本料理餐廳曾喝過日本生酒。那是受秋田銀行在台支店長要回秋田前所邀，特地選了秋田產的生酒請我和友人佐餐共飲。秋田被稱是日本的美酒王國，每年出產出大量優質的日本酒。當天所喝的秋田生酒確實非常美味好喝。

下次去日本旅遊，在地如想喝日本酒，建議試試生酒。應不會後悔。

露天溫泉中的橫綱　二十六日

日本有一位旅行作家、溫泉評論家野口冬人（1933-2016）。他從一九六五年開始以旅行作家身分陸續拜訪了日本國內含離島總共約三千三百個溫泉。並且長期在《讀売旅行》等刊物上連載。野口先生還針對日本全國有名的露天溫泉，依據「使用有料・無料」、「公共性」、「管理狀況」、「周邊環境」等做出日本露天溫泉排行榜（露天風呂番付）。

岡山縣真庭市的湯原溫泉公會在一九八七年（昭和六十二年）六月二十六日舉辦日本第一回「六二六露天溫泉日」活動。而這個湯原溫泉其實在一九八一年（昭和五十六年）時就被野口冬人評為日本露天溫泉的「西之橫綱」（西日本第一名），而露天溫泉「東之橫綱」（東日本第一名）野口則評給了群馬縣的寶川溫泉。

野口冬人在二〇一六年過世，享壽八十三歲。這幾年我一直想買一本經典的日本溫泉參考書。今天翻找資料時發現野口在一九九七年曾經出版了一本近一千頁的《全國溫泉大事典》，由旅行讀賣出版社出版。這本書目前已經絕版，但是日本網路上還有中古書。我很快就決定買一本，覺得這就是讀者和作者穿越時空限制的「緣分」。

野口先生之後我還追蹤發現到另一位日本溫泉專家——石井宏子。石井是一位旅遊作家，據稱一年約有兩百天是在日本國內和海外進行溫泉旅遊採訪，並在日本最大的旅行社ＪＴＢ官網上進行溫泉旅遊報導連載。我在日本亞馬遜網站上買了她的《感動の溫泉宿一〇〇》（文春新書出版社出版），裡面根據各溫泉旅館的景觀、美食、文化度、建築精緻度、溫泉療效、雪景、個性度、美肌效果等分類，選出推薦日本從南到北的一百家溫泉旅館。這本書作為「家用常備的日本溫泉旅行導覽手冊」，我覺得還蠻實用的。

散壽司、手捲壽司　二十七日

日本或台灣的日本料理店裡常常可見有「散壽司」（ちらし寿司）。散壽司外觀上簡單說就是一盤醋飯上鋪滿許多鮭魚子、蓮藕片、魚肉、紫蘇葉等五顏六色的食材，讓人感覺豐盛又促進食慾。

散壽司的由來其中一個說法是，江戶時代一六五四年時，備前（現在岡山縣）發生大洪水。在災害復原期間，岡山備前藩藩主池田光政為了節省物資於是發出一汁一菜令，要求老百姓在彼時的飲食副食只能一湯一菜。

但是即使在災害復原期間老百姓偶爾還是會想享受一些些食物美味的小幸福，於是會在飯裡面盡可能混加入一些食材。這種混加了食材的飯，被認為正是散壽司的原型。

一汁一菜令發出後，有的老百姓會在裝醋飯的壽司桶底部先鋪上料然後再蓋上醋飯，裝成僅是粗食一般，要吃飯的時候再把這個容器翻轉過來放在餐桌裝上，用餐時打開才能看到上面美味的添加食材。想想這也還真是上有政策下有對策的食事版。

散壽司在台灣比較不是我們的文化和口味。想介紹的個人經驗是我在日本念書時學長學姊來家裡聚餐時教的「手捲壽司」（手巻き寿司）。這個手捲壽司比較不是像我們日本料理店吃得像甜筒造型一樣的手卷，而是更隨興一些的手抓海苔片包飯帶料吃。

夏天時如要請好友，或假日家人聚餐放鬆時，原則上只要做好一盆醋飯，料可以買一些現成的紫蘇葉、蘿蔔嬰、魚肉、玉米粒、蛋絲……（方便備料是重點），然後去超市買現成的大片包裝海苔，剪刀兩三大剪，把它們剪成一疊疊手掌大小。吃的時候拿一片手掌大小海苔，抓一小口醋飯，放上一點料，一口一卷，邊吃邊配

幾口焙茶（ほうじ茶），保證是意想不到的開胃美味。

我的經驗是小孩和客人特別愛吃，常常會不知不覺間一盆醋飯竟然就這樣「完食」了。

關鍵在海苔片包著醋飯吃特別香。我是這樣想的，僅供參考。

德川家康的佃煮滋味　二十九日

一五八二年（天正十年）六月初明智光秀發動本能寺之變的時候，織田信長的盟友德川家康正在大阪的堺（市）。聽到信長被攻擊，老狸家康立刻也警覺到自身的安危，於是決定速速逃回自己的三和國岡崎城（現在的愛知縣岡崎市）。

但是那時候陸路都塞滯了，於是家康決定走海路脫出。在途中經過攝津國佃村（現在大阪府西淀川區）時，多蒙該村的漁夫提供可以長期保存、不易腐壞又堪稱美味的醬油糖燒（佃煮）小魚給他當路途上的食物，使他終於得以平安回到自己領地。

一六〇〇年（慶長五年）家康在關原之戰制霸，三年後在江戶揭開德川幕府時

代序幕。在這個國恩家慶的時刻，家康把當初給他好吃的醬油糖燒小魚的攝津國佃村的漁師找來江戶，以御用漁師相待，請他們住在江戶城外的小島上，繼續煮好吃的醬油糖燒（佃煮）食物給他吃。這個島就叫「佃島」。佃島上做的佃煮後來幾乎成為所有各藩大名們到江戶「參勤交代」後返回各藩時必帶的江戶名物土產，並在全國普及。

佃煮主要是將小魚、貝、海藻、野菜等食材，用醬油、味醂、砂糖等燒煮收水的食物。現在日本各地有很多佃煮產地，比如產醬油出名的香川縣小豆島的昆布佃煮、靜岡縣燒津市的鮪魚佃煮、鰹魚佃煮都十分有名。

和佃煮基本上作法一樣的是甘露煮。但是甘露煮用的食材主要是鯽魚、鯉魚、香魚、虹鱒等淡水小魚。佃煮比較有醬油的鹹氣，甘露煮則比較保有醬油糖燒的甜味。這樣的食物料理方式不但是保存食物的好方法，也是江戶時代民間嗜食喜愛的美味。

越夏除厄　三十日

一年到了今天，算正好過了一半。許多日本神社每年年末和年中此時，會各有一次為人消災除厄的行事（祓）。一次是年末除夕的「過年除厄」（年越しの祓え），一次是年中此時的「越夏除厄」（夏越しの祓え）。

越夏除厄日前後，大約有三種活動和景象。一是過茅草圈門，二是放水流或篝火燒人形小紙片，三是吃水無月，或冰饅頭和菓子。

進行越夏除厄行事的時期，許多神社會在境內立一個用茅草做的大圈門。相傳人只要來回穿越這個茅草圈門三次（茅の輪くぐり，指走的時候路徑要像寫一個八字一樣），就可以免去病氣和災殃。這個習俗是源自一個古老的日本神話。說從前有一個旅人，某天到了一個地方夜晚乞求投宿。這地方有一對兄弟，一個是富裕的哥哥，一個是貧窮的弟弟。結果富裕的哥哥冷冷地回絕了旅人，但是貧窮的弟弟卻慈悲歡喜地收留了旅人。弟弟的名字叫「蘇民將來」，幾年以後這位旅人為了報恩又來拜訪弟弟蘇民將來，並且教他只要把編成圈的白茅草輪附在腰上，就可以免去疫病並享子孫繁榮。而這位旅人，其實是天照大神的弟弟建速須佐之男命神。

去日本旅行時，有時會看到有些人家的家門口會掛上一個「蘇民將來子孫」的祈福除厄木板，掛這塊木板的意思就是說「我們這一戶是好人蘇民將來的子孫，請上天賜福並請疫病瘟神勿入」之意。

京都上賀茂神社在做越夏除厄行事時還會做「放水流或篝火燒人形小紙片」的儀式。這儀式就是祈福者把自己的姓名和年齡寫在一個人形小紙片上，然後把這人形小紙片在自己身上抹一抹、按一按，代表把身上的厄運和罪業都移轉到小紙片人上。最後由神社人員將小紙片人放水流走或以篝火燒卻，代表除厄。

京都人夏天此時還會吃水無月和菓子。水無月一定是三角形。白色三角形麻糬上面加上甜甜的紅豆，非常好吃。為什麼一定是三角形呢？因為那是代表「冰」！

水無月是京都夏天代表性和菓子。在往昔每年舊曆六月一日時，皇宮中會進行冰的節氣飲食行事。也就是把冬天製成儲藏在山裡面的冰取來食用，以渡夏消暑。但是在過去沒有冷房、冷凍庫的時代，「冰」這種東西對一般百姓而言根本如同山嶺之花高不可攀，不可能如王公貴族般享用。所以只能把白色的麻糬做成三角形冰的形狀，再撒上象徵除厄的小紅豆，製作成代表對冰的嚮往的和菓子。

七月

Juny

「半夏生日」的烏龍麵　二日

在舊曆裡，夏至過後的第十一天叫「半夏生」，屬於舊曆曆法裡七十二候之一。到了這一天，農夫們終於可以喘一口氣休息，田裡的農事要先告一段落。相傳「半夏生日」這天，會從天降下毒氣，所以水井要加上蓋子，當天採的野菜也不能食用。

在香川縣地區因為屬於典型瀨戶內海型氣候，日照時間長。另外平地多適合穀物生植，所以傳統上會把一期種植水稻的田再拿來二期種植小麥。

半夏生日這天，香川地方有吃烏龍麵以慰勞農事後辛勞的傳統習慣。烏龍麵在日本是很受歡迎的庶民食物，而根據日本全國都道府縣別調查報告顯示，香川縣平均一人的烏龍麵消費量占日本全國第一名。二〇一一年的時候，香川縣廳和香川縣觀光協會正式啟動將香川縣定位為「烏龍麵縣」的廣宣活動。

日本除了香川縣的讚岐烏龍麵很有名之外，其實其他還有秋田縣的稻庭烏龍麵、群馬縣的水沢烏龍麵、富山縣的冰見烏龍麵、長崎縣的五島烏龍麵也是歷史悠久又美味的烏龍麵。我個人因為造訪過秋田數次，所以情感和食感上最愛稻庭烏龍麵。

這些烏龍麵買來，拿取要吃的人數分量後，水滾下麵煮五、六分鐘左右（不要煮太爛），撈起來放在可濾水的篩盆上放水龍頭下沖冷水，邊沖邊把它撥一撥、抓一抓、沖冷，然後放進裝了冰塊的冰水裡冰鎮一下，讓麵體收緊、口感緊實變Q，撈起後放入碗公中，加一些蔥花、薑末（也可加一顆蛋黃），淋上一小圈醬油即可食用。新鮮單純口感緊實的麵條，有食物最純樸原始的甘甜，只要加一點點提味的東西伴食就非常好吃。

夏日吃冷烏龍麵要心神集中、要一氣、要快速吸食它！保證通體愉快的好吃！

吃完麵後，隨即來一杯冰冰的麥茶做「息阿給」、ending。那一刻，真會讓人感受到炎炎夏日裡可以消暑的幸福。

「藥味」七味粉　三日

在日本旅行的時候，到食堂、餐館吃飯時，常常可以看到桌上擺著給客人依自己口味喜好而酌用的調味「七味粉」。日文漢字裡這些佐味料叫「藥味」。

日本人一般習慣上吃冷的蕎麥麵時會佐山葵泥（わさび），吃熱的蕎麥麵時則撒唐揚七味粉。這個飲食習慣其實是有歷史由來的，都和江戶時代幕府德川家有關。

江戶時代初期，吃蕎麥麵成為庶民的飲食文化之一。在沒有冷藏保存技術的年代，蕎麥麵其實是容易腐壞的食物，如此一來有些人吃了就要肚子痛了。那個時候，蘿蔔泥榨出來的汁被認為具有促進消化和解毒作用，被當成「藥味」混入蕎麥麵的醬油沾汁中拌食。後來山葵泥則成為吃冷麵的「藥味」。這其中轉折的關鍵人物是德川家康。

德川家康是一個很講究養生的人，原則上只吃營養價值高的當令時節食物，所以他很討厭夏天吃冷麵的時候配不是當令食物的蘿蔔泥汁。德川家康的幕府城雖然是江戶城，但是老狸的隱居城卻是在靜岡縣的駿府城。有一天有人獻上駿府城附近種的山葵給家康，山葵有殺菌作用，葉子又像德川家家紋的「葵」，家康食後大喜，從此就用山葵泥來做藥味，這個做法自此也在江戶城傳開，後來就變成吃冷麵時的拌麵美味。

到了江戶中期的時候，冬天吃有熱湯的蕎麥麵也開始流行。此時寬永二年（一六二五年）江戶藥研堀町有一位叫中島德右衛門的藥種商，利用自身的漢方知識製作出「七色唐辛子」調味粉。這個七色唐辛子加在熱湯麵上的味道，解決了山葵泥加在熱麵上提味功能大減的問題。中島先生並於將軍在江戶城内辦「菊の宴」時獻給將軍德川家光。結果將軍非常喜歡，並且賜「德」字給了這個產品「山德」之紋，這就是後來日本三大七味粉老舖的藥研堀（やげん堀）。

除了這家位於東京淺草寺前的七味粉老舖藥研堀外，長野縣善光寺門前的八幡屋礒五郎，和京都清水寺門前的七味家，這三家可號稱為日本三大七味唐辛子老舖。

所謂的七味粉，一般是由山椒、陳皮、芥子、麻之籽、紫蘇、胡麻、青海苔、生薑等製成。但是日本最暢銷的House品牌七味粉或藥研堀等有名老店則會有些許調整。至於賣牛肉飯的連鎖店「吉野家」用的七味粉，為了配合他們自家的牛丼口味，成分更調整到只有唐辛子、陳皮、胡麻、海藻等四種原料。所以七味粉的成分隨地方和店家也還是略有調整不同的。

二戰後一九四七年開業製作七味粉的大阪向井珍味堂公司，則訂今日為「七味之日」。

朝顏之姿　五日

日本人喜歡「朝顏」（牽牛花）。

朝顏應可說是日本最廣泛和受歡迎的園藝植物。在日本的古籍、畫冊、文學作品裡也經常可以看到它們的身影。

江戶中期（元祿十四年）出版的《茶話指月集》，是由茶聖千利休的孫子茶人千宗旦的高徒藤村庸軒與久須見疎安兩人，根據千宗旦追憶他祖父千利休的言行所書寫、編集之書。

在《茶話指月集》裡曾寫過一段逸事。說有一天，豐臣秀吉聽人說千利休家裡的朝顏開得非常美麗，於是決定前往利休家拜訪並品用早晨的茶湯。但是當秀吉到了利休的住處時，卻發現利休住處院子裡的朝顏已全被摘下取走，一朵不剩。看到這景象的秀吉非常不高興，接著就直接走入利休的茶室內，此時只見一朵美麗的朝顏獨自在清澈、靜謐的晨曦中，靜寂澄明的開放著。見到此景的秀吉頓時深受感動，並大大的讚美利休一番。

朝顏來到日本，相傳最早是奈良時代末期日本遣唐使攜回作為藥用的牽牛子（朝顏種子）。這些種子磨成粉末後具有止痢和利尿的功能。到了江戶時代，朝顏的品種非常多，並且歷經多次改良。文化三年（一八〇六年）江戶發生大火，許多地區頓時出現許多廣大的空地。下谷御徒町附近的植栽職人就利用這些空地養出了許多珍貴美麗的朝顏。後來不只基於興趣，連下級武士們也當成工作在各自單位的庭園裡栽種朝顏。熱愛園藝的熊本藩武士們甚至自己培育出稱為「肥後朝顏」的品種。

在朝顏的花色品種裡，黃色和黑色被認為是最夢幻稀有的花色。一九六五年（昭和四十年）時，NHK的報導中曾經出現過夢幻的「黃色朝顏」，但之後就不曾再被見到過。一直到了二〇一四年鹿兒島大學和三得利環球創研中心及基礎生物學研究所團隊共同努力後，才讓黃色朝顏再度問世。

每年七月此時和八月是日本朝顏市集和各式活動最熱鬧的時期。東京都東台區的入谷朝顏祭活動每年從七月六日到八日進行三天。當地共有一百二十家朝顏店家，活動期間還有其他相關一百家左右店家也會共同參與。這三天活動期間，平均有四十萬人次在此進出、參覽。七月夏天去東京旅行時，可以去看看、走走。

錦緻美麗的「金平糖」　七日

有一些人與物，第一眼、第一次與它相遇的時候就會留下莫名深刻的印象，但是當下卻又感覺與自己無啥相關。一直要經過好多年後的某一時刻，才恍然大悟。

「金平糖」之於我，可能就是這樣。

二十年前我在京都念書的時候，有一天我太太從研究室帶回來一袋前輩學姊送給她的糖果。這個糖果當下讓我印象深刻又有些迷惘。因為糖果的本體一顆一顆的體積都很小，成分感覺就是單純的砂糖和預先調味的水飴組成，非常像我們童年時巷口雜貨店賣的上了色的單純砂糖口味「糖果」。但是這貌似素樸的糖，卻配上了非常慎重的包裝與錦緞。連產品名稱「金平糖」三個字書法，也一看就知要不就是書法大家所寫，要不就是具有歷史意義。

前輩給的這一袋金平糖是我們學校所在的京都百萬遍地區的一家糖果老舖，綠壽庵清水所作。綠壽庵清水是一八四七年所創，一百七十四年來謹守傳統和一子相傳的金平糖製作技法。但是金平糖其實並不是原生於日本，而是日本戰國時代從葡萄牙傳進來的食品。戰國時代葡萄牙人渡航來到西日本，一五六九年（永祿十二年）葡萄牙基督教傳教士路易士・佛洛伊斯（Luís Fróis, 1532-1597）到京都二条城謁見織田信長，並且獻上蠟燭數根與用玻璃燒瓶（flask）盛裝的糖果（confeito）做為獻禮。

糖果在葡萄牙語叫「confeito」，日文發音是「コンフェイト」。日本人把它稍微轉音成「コンペイト」（conpeito），就成了同漢字「金平糖」的日文發音。所以金平糖的歷史由來，其實本是南蠻之物葡萄牙糖果。最早來到日本時，它的顏色是同砂糖一樣的純白色。

金平糖剛到日本時，一來因為受到織田信長與王公貴族們所喜愛，二來它的製做工序其實非常繁複而且除了葡萄牙人外少有人知，所以價格非常昂貴。一直到了十八世紀才在庶民間也普及開來。宮中辦宴會活動贈送來賓來禮時，如果是送器皿盛物，為了怕容器禮品上空空的不好看，會配上精緻美麗的金平糖。民間結婚、生產祝賀以及廟宇、神社祈禱時也會用金平糖當授予品。

以前日本的帝國陸軍野戰口糧配備裡，除了主要的乾麵包（就如軍隊的營養口糧餅乾）外，為了促進吃乾麵包時的唾液分泌，還會附上金平糖讓阿兵哥一起吃。因為初期金平糖是白色的，像冬天的冷冷冰雪，所以軍部改良加入上了色的金平糖，讓官兵吃起來更舒心。現今日本防衛省的軍用口糧配備仕樣書裡也還可見「小型乾麵包一百五十克各一袋、（金平糖）白八個、赤三個、黃二個、綠二個為標準，十五克以上用袋子收納……」等說明文字。

福岡縣八幡市的入江製菓株式会社、東京的エビス堂製菓公司、大阪府八尾市的緒方製菓公司、大阪市的大阪糖菓公司等四家公司，聯合把今天七月七日七夕定為「金平糖之日」。希望一顆一顆像小星星的金平糖在今天可以搭成一座銀河星橋，讓牛郎和織女相逢。

「七轉八起」的可爾必思先生　八日

今天七月八日。日本有一個諺語叫「七轉八起」，是說人在漫長的人生旅途中，會有遇到命運不順遂的時候，也會遇到好運來臨的時候。沉浮總有時來回互倚相伴，所以今天跌倒了不要洩氣，明天還是要站起來，七次跌倒八次起，要積極不撓的迎上前去。

七轉八起精神在日本民間最常為人知的激勵幸運物就是不倒翁。二〇一六年四月熊本大地震時，熊本縣阿蘇市有一家賣菊芋食品起家的阿蘇壹番屋公司做出了一個有田燒的熊本熊不倒翁商品，鼓勵熊本縣民七轉八起，為災後復興振作努力，並且向日本財團法人記念日協會申請定今天為「七轉八起日」。

說到「七轉八起」。昨天七月七日七夕，其實也是問世至今已有一〇二年歷史的乳酸飲料可爾必思的生日。二〇一九年七月七日可爾必思百歲生日當天，朝日新聞的「天聲人語」專欄就寫了一篇名為「可爾必思七轉八起」的短評文章，記錄了正好一百歲的可爾必思，內容主要介紹的正是人生事業上堪稱七轉八起的可爾必思創業者三島海雲（1878-1974）。

三島出生在一個父親擔任住持的寺院家庭，十三歲時即進行了剃度入僧儀式。一九〇五年日俄戰爭前夕，二十五歲的三島到了中國北京，開設一家雜貨行，拉著車在中國內地進行日本雜貨販售。一九〇八年他因受日本軍部所託調度購買軍用馬匹而進入內蒙古，停留居住在內蒙克什克騰，首次與酸奶邂逅。這個時期三島曾經一度生病，甚至進入瀕死狀態。但是在友人給予持續飲用酸奶的照顧下終獲康復。

三島後來回憶這段對酸奶的情感時說，「我覺得這是在異鄉之地，遇到了不老長壽靈藥」。

一九一五年他在中國的綿羊生意破產失敗，隨著中國辛亥革命後回到日本。至此他下了一個心願，希望把酸奶、乳酸的好處在全日本推廣開來，帶給日本人身體和精神上健康。兩年後他在東京惠比壽創立了可爾必思公司的前身lacto 1（ラクト 1）公司，試做、開發了許多包括乳酸焦糖的產品，但都一一失敗。因為他的好人緣，讓他獲得許多援助而渡過難關。又過了兩年（一九一九年），在多次的試行錯誤後，公司終於成功大量生產了世界上第一個乳酸飲料。同年七月七日，可爾必思乳酸飲料正式問世販售。

三島在八十八歲的時候出版了自己的自傳《初戀五十年》（可爾必思販售之初主打的廣告標語就是「初戀的味道」），細數他的人生歷盡起落，宛如電影和小說情節一般。他曾經因為戰爭空襲而工廠燒卻，也曾因一度經營不善而被要求離開社

長職位。但是這些都沒有打敗他。七轉八起，一直到九十歲，仍然熱衷努力於新事業開發。

三島曾說：「勿道人之短，勿說己之長。對他人施惠要敬慎，不要記於心。受人恩惠要敬慎，不要忘卻。」「我對年輕人的期待是『離卻私心、懷抱大志』。」「做人必須要誠實正直。賣的商品也必須誠實正直。我們是透過蜂蜜來販售健康，好的東西請誠實正直的正派販賣。」（三島食品工業的社訓）

在台灣，可爾必思和養樂多一樣，都是我們童年珍貴又難忘的回憶。謝謝三島海雲。

榻榻米與藺草　十日

對許多一九七〇年代以前出生的台灣人來說，榻榻米應該是許多人熟悉的童年回憶。那時多數家庭的居家空間，大概都有「房間數少」、「床少」的共同相似處。在那個經濟還不是全民小康的年代，日治時代風的榻榻米其實是比木板更好用來擔任床墊或地面鋪材的產品。

榻榻米的表面，日文叫「疊表」（畳表）。疊表主要是由藺草製作編成。一般榻榻米所用的藺草（い草）莖稈斷面是圓形的，但是琉球榻榻米所用的七島藺草（しちとうい草）的莖稈斷面則是三角形的。七島藺草因為一般被認為耐用度是一般藺草的數倍，而且有帶有淡淡的嫩草香，所以用七島藺草做的榻榻米，價格上也比一般藺草榻榻米貴上許多。

所謂的琉球榻榻米（琉球畳）和一般榻榻米比較起來大概有幾個標誌性特色。第一，琉球榻榻米的形狀是方的，而且不做邊緣條，尺寸通常是長寬各八百八十釐米。第二，琉球榻榻米的疊表原料一定是用七島藺草。

因為這樣的特色，琉球榻榻米市場反應上通常被認為有「因為是方型，與洋風的裝潢也可搭配」、「因為沒有邊緣條，所以視覺上比鋪一般榻榻米寬敞」等優點。但是也有「價格相對高」、「因為沒有邊緣條所以邊角比較容易受損」的缺點。通常六張琉球榻榻米的市面價格，需要日幣十五萬元至二十萬元。

七島藺草目前在日本唯一的生產地是九州大分縣國東半島的國東市，國東市所生產的七島藺草疊表產品被登錄專稱為「國東七島藺表」（くにさき七島藺表）。用七島藺草做的疊表因為具有稀少價值，目前在市場上交易價格已是一般日本國產藺草疊表的數倍。因為非常堅固耐用，所以柔道場的榻榻米也會使用它，但是奧運會的柔道場已改用乙烯基樹脂所做的地墊。

大分縣國東市的國東七島藺振興會（くにさき七島藺振興会）把今天申請定為「國東七島藺之日」（くにさき七島藺の日）。

我在查資料時曾上大分縣國東市市政府的網頁瀏覽許久，私心覺得這裡應是一個非常樸素又安靜美麗的地方。裡面還有寺院提供可以讓旅人投宿和用齋飯的民宿服務。國東半島的溫泉旅館看起來多數是那種昭和風的簡易，但也算膳食料理豐盛的旅店。如果想走不是熱門的溫泉鄉，這個海邊半島上的國東市似乎值得一往探訪。

好啦～拉麵　十一日

日本拉麵協會定今天七月十一日是「拉麵之日」。主要理由有兩個，一個是因為「7」這個數字形狀像吃拉麵時喝湯的湯匙，「11」看起來像吃麵的筷子。另一個重要原因是，今天也是相傳日本第一位吃拉麵的水戶藩藩主德川光圀（1628-1701）生日。德川光圀的父親德川賴房（水戶藩初代藩主）是德川家康第十一個孩子，所以德川光圀即是德川家康的孫子。日本民間故事中非常有名的水戶黃門（日本版包青天），主人公正是德川光圀。

寬文五年（一六六五）德川光圀招請了亡命到日本的明末遺臣朱舜水先生講學。朱先生當時曾向德川光圀獻上中華麵。傳統日本的麵——そば（Soba）指的是蕎麥做的蕎麥麵。但是中華麵主要是用小麥做原料，並且加入鹼水，麵體口感彈性比較強。意象上簡單說中華麵就是現在日式炒麵、拉麵、中華涼麵中常用的類似我們台灣人說的油麵。

朱舜水獻上中華麵時同時也教了德川光圀麵體的製作方式和調味做法。麵的湯底，朱舜水主要是教他們採用加入由長崎輸入的中國乾燥豬肉（臘肉、火腿）來熬製，配料藥味則用韭菜、蒜頭、蔥、薑、薤等五辛。傳下來至今的就是目前茨城縣內仍有販售的水戶藩拉麵。水戶藩拉麵的麵體特色是製作時會摻入地方食材：蓮藕。

中華麵在二戰前的日本民間主要被稱做「支那麵」。它的麵體不像蕎麥麵易斷也不像烏龍麵較為粗厚。至於為什麼後來叫「拉麵」，雖然有很多不同版本說法，但是我比較喜歡和接受的版本大概是，一九二二年札幌有一家叫「竹屋」的餐館，老闆大久昌治先生用了一位原本在俄國遠東地區當工人的中國人王文彩先生當廚師。這位王先生很會煮支那麵，湯底是用雞骨架、蔬菜和鹽熬製。當時北海道大學成立不久，除了本地學生外還有一百多位中國來的留學生。王先生煮的支那麵除了湯頭特別，還會放入肉片。每次煮好一碗要請服務人員端出時他就會喊「好啦～」。因為他是東北人，所以聽起來的中文就像在喊「好啦～」。旁邊的日本人看到中國留學生在吃那個王文彩煮的香噴噴的麵，但是又不知怎麼稱呼、怎麼點，就跟老闆娘說「我也要點那個廚師喊的『什麼什麼拉～』的麵（何々ラ～って麺）」。據說這就是拉麵（ラーメン）一詞最早的由來。

二戰後「支那」兩個字因為被認為軍國主義味道太重而被日本政府禁用，所以現在一般日本麵店已經不用支那麵這名稱而改用「中華そば」。拉麵的食用普及率、店家數、市場競爭熱烈度、庶民喜愛度等，在一九八〇年以後似乎更達到另一層飲食文化景象。對很多外國人而言說到拉麵，他們不會認為這是外來傳入日本的飲食文化，而認為「拉麵的故鄉就是日本」，「去日本就是要吃一碗拉麵」!!

從索林根循到燕三條　十二日

「留鬍子」這件事我回想了一下應該是這四、五年的事。一開始留鬍子時，只會「留」，不懂得「理」。家裡因為只有一般雙刃刮鬍刀，所以也無法「修」。只能一兩個月去剪一次頭髮時給我們家附近的家庭理髮店媽媽幫我修鬍子、刮臉。所以常常鬍子一長就亂無章法，說是隨性其實也是很不得體。我的社團前輩社友，也是我中學同學的父親，有一次甚至還私底下勸我，鬍子這樣凌亂還是不要留，讓我也曾考慮不留鬍子了。

繼續留鬍子的一個轉折原因是因為兩年多前我去德國旅行。有天我在羅騰堡小鎮散步時，忽然看到了一把傳統直式剃刀。傳統的直式剃刀非常鋒利，除了可以剃鬍子外還可以在小角度內「修」鬍子。剃完以後整個臉特別光滑，摸起感覺會好像嬰兒的皮膚一樣，但是初心使用者稍一不慎也容易劃傷臉。那一天看到這把剃刀時我真的是被它的美所吸引，真的是「工藝之美」，覺得這真的是「可以在日常生活中使用的藝術品」。如果以刮鬍子的成本來看，這把剃刀真不便宜，但是如果以「可以在生活中使用的藝術品」來看待它，我就覺得太划算了，而且使用起來充滿幸福感。就這樣我買下這把剃刀，然後繼續留鬍子。

我買的這把剃刀產自德國索林根市。索林根是歐洲數百年來有名的刀劍鑄造城市。

索林根因為自中世紀以來就以鍛造優質刀劍、剪刀等刀具而聞名，所以又稱「刀具之城」（City of Blades）。在台灣也很有名的像雙人牌剪刀、刀具、金屬餐具等就是出自索林根。

今年年初我在南部服務的時候有一次去庶務科辦事情，結果好心的同事請我喝了一杯她順手手沖的咖啡。我以前從未使用過手沖咖啡器具沖咖啡，那次喝了以後覺得手沖咖啡也好喝，於是決定也來上網買一個手沖咖啡用的滴濾杯（driper）。生活有時還是可以發現一些驚喜的。就在我上日本亞馬遜網站想購買滴濾杯時，意外邂逅了日本新潟縣燕市生產的真　（黃銅。銅與亞鉛混合）商品，也第一次學習與認識到這個已有百年歷史的日本製造西洋金屬餐具的地區。

新瀉縣有一個燕三条車站，周邊就是燕市與三条市。燕市是日本產出最多餐具與鍋碗瓢盆的產地，三条市則是日本重要的五金城市。兩個城市發展緊密，歷史悠久，被通稱為「燕三条」。

日本的洋食器生產始自一九一四年（大正三年），一九一五年起洋食器的生產也被燕市做為基幹產業發展開來。據統計日本九十％的西洋金屬食器都是出自此地區，燕市所生產的洋食器在世界上也卓有聲譽，本屆東京奧運選手村所使用的餐具就是來自燕市，而燕市產業公會和生產商們也自二〇一三年起就已經為迎接東京奧運時的任務做準備。

我後來在網站上買了一個燕三条日本製真　手沖咖啡用的滴濾杯。進入中年後慢慢覺得隨著年齡漸長就像喝酒一樣應該「喝得少但喝得好」，買物品也應該「買得少但買得好」。這個偶然邂逅的真　咖啡滴濾杯雖然價格還是相對一般陶瓷杯高，但是一想到這是「可以在日常生活中使用的藝術品」，還是覺得很划算的。（笑）

事務局設在新潟縣燕市的日本金屬洋食器工業公會，定今天為「洋食器之日」。

御盆　十三日

台灣民間每年給先人掃墓是清明的時侯，在我家每年除了去鄉下祖塔給祖先掃墓外，還會去我父親在北海岸的墓園塔位給他上香。二十幾年前父親過世那幾年，我們家小孩和我母親每年都是清明前後去給他上香。但是這幾年不知道是不是因為母親年紀大了，遇到要過年了、清明、父親忌日，母親都會開口說：「要不要去拜你爸爸？」雖然台灣民間有的習俗說除了清明外不要跑去先人墳塋墓地，但是因為父親在北海岸的墓園塔位本來平日就有墓園公司的人在管理，即使平日也有一些民眾會去上香、進出，感覺沒有傳統墓園那麼陰沉。所以遇上假日載了我母親和家小沿著陽金公路賞陽明山，上完香再去附近的城鎮老街走走、吃吃鴨肉，也變成家族老小都不會太排斥的家族一日情感交流活動。

日本社會一年給先人掃墓的傳統時點就比台灣多了。一年裡基本上過年、春分時的彼岸日（大約三月中旬）、夏天的御盆、秋分時的彼岸日（大約九月中旬）、先人的忌日等五個時期，都是給先人掃墓的時間。

上面的那個夏天的御盆，它的由來和時期最早是指舊曆的七月十五日（盂蘭盆節、中元節）盂蘭盆法會時，對祖靈與神佛進行感謝與供養行事。「盆」這個字也帶有盛用祭祀物品的「供盆」的意象在裡面，也就是供養「供盆敬奉對象」的神靈與先祖們。

「御盆期間」以前是指舊曆七月十三日到七月十六日。在第一天的七月十三日傍晚，家戶要在門口玄關放一個陶土盤，上面燒「麻的桿子」（苧殼），燒起來的火光叫「盂蘭盆迎火」（盆迎え火），就是迎接先人祖靈回家之火。告訴祖靈說「家在這裡哦，不要走錯了」。在最後一天七月十六日時則要點「盂蘭盆送火」（盆送り火），送先人祖靈返回冥間。日本京都市每年八月中旬的「五山送り火」就是這個時候進行，其他在長崎縣則有御盆最後一天放燈籠水船儀式（精靈流し）送走祖靈和先人精靈的習慣。

一八七三年（明治六年）日本廢除舊曆改採新曆。所以原本舊曆七月的御盆就改成在新曆七月。今天新曆七月十三日正是改採新曆的御盆期間第一天。在東京都、橫濱以及東北、北陸等以前夏天農忙期比較早結束的地方，每年的御盆期間都已改採用新曆七月十五日前後期間來計。但是日本全國其他多數地區，則是用晚一個月後的八月十五日前後共四天來做御盆期間。極少數的像沖繩、奄美群島地區則仍嚴格以農曆七月十五日前後來做御盆期間。

在日本古時，在大名家臣裡面的僕役、長工等奉公人會利用御盆時期返鄉歸省、掃墓。在現代，則是都市裡面上班遊子返鄉掃墓並與家人親情相聚的時刻。

這幾年每年四月清明返鄉掃墓結束後回台北上高速公路前，我都習慣會去新屋交流道旁的一家鵝肉店買一隻白切或煙燻鵝回家。這家店的鵝肉都是當天早上現宰，一整隻切好台幣一千一百元。店裡還有鵝胗、肝、心、翅、掌可以零買。老闆還可以送你幾包高湯讓你回家煮麵、煮冬粉或煮鹹湯圓。鵝肉口感則非常多汁飽滿好吃，每次帶回全家一起享用這美味時，我都覺得這也許正是祖先對我們子孫掃墓孝心的鼓勵與犒賞啊！

Hoppy～東京之味、昭和之味、懷念之味　十五日

很多台灣人可能都和我一樣，對日本人有著上班族下了班吃飯喝酒就是先來一杯啤酒的印象。第一口喝下去，然後發出「啊～」一聲，喊「うまい（Umai，好喝）」！

日本最早有啤酒釀造工廠應該是一八六九年（明治二年）的時候，美國人在橫濱的「外國人居留地」所開設的。到了一八八六年（明治十九年）的時候，首次看見德國啤酒進口商在日本《時事新報》報紙上刊登廣告。一八八七年總理大臣伊藤博文在自家的晚宴上以洋食和啤酒款待客人……。

但是啤酒一直到了大正時代甚至二戰後昭和二〇年代，對一般庶民而言仍然是「高嶺之花」，是昂貴而不易接觸的飲品。

二戰後一九四八年（昭和二十三年）今天，原本在東京赤坂販售彈珠汽水等一般清涼飲料水的「秀水舍」創業者石渡秀，開始販賣一種用啤酒花做原料的啤酒口味碳酸飲料 Hoppy（ホッピー）。Hoppy 因為帶有啤酒口味，但是酒精濃度只有

〇點八％屬於無酒精飲料，所以價格和啤酒比起來相對便宜許多。把它加入日本燒酎後調和起來喝作為啤酒的代用，一時間竟在關東掀起了風潮，廣受庶民喜愛。Hoppy的瓶子造型看起來很像美國啤酒瓶造型，這是因為戰後Hoppy這個飲品賣得太好，但是玻璃瓶在當時卻非常昂貴，所以就採用當時的駐留美軍常飲用的啤酒瓶回收後做為Hoppy的瓶子。

通常Hoppy和燒酎混搭飲用的比例是，酒精濃度二十五％的燒酎以一比五的比例搭酒精濃度〇點八％的Hoppy。這樣搭出來的酒，一杯大概酒精濃度在四點二％。至今在東京京成電鐵沿線的地區以及神奈川縣橫須賀市的大眾居酒屋裡，Hoppy仍然是多數客人們進了店裡的必點飲品。在關東地區的東京都、神奈川縣、埼玉縣，一都二縣占了Hoppy年間消費販售量的八成。它是東京之味、昭和之味、懷念之味。在東京淺草寺境內西側有一條七十到八十公尺長的小街，那裡有很多家半露天賣著滷煮牛筋、豬腸、牛內臟、蘿蔔的美味小居酒屋和飲食店。那條街被叫「Hoppy街」（ホッピー通り）。下次經過，可以在那裡點一瓶Hoppy配上燒酎，來兩碗溫熱的滷牛筋、滷內臟，感受一下懷舊之味。

本社在東京都港區赤坂的Hoppy Beverages（ホッピービバレッジ）公司，定今天為「Hoppy之日」。

祇園祭回憶　十六日

每年七月一日到三十一日是京都祇園祭時期。七月十六日今天的「宵山」在日文裡指的是祇園祭本祭的前夜祭。宵山隔天七月十七日也就是本祭當天，則會舉行熱鬧盛大的山鉾彩車巡行。

原本京都祇園祭期間有兩次前夜祭，分別在期間前半的神幸祭前夜，和後半的還幸祭前夜。山鉾彩車巡行也有兩次。但是昭和四十一年（一九六六年）起已把兩次的山鉾巡行合併到七月十七日舉行，前夜祭宵山也只在七月十六日舉行。所以七月十六、十七這兩天應該可以說是祇園祭裡活動與觀光的最高潮。

祇園祭前夜祭時，在京都市山鉾町一帶（特別是室町通和新町通附近）的舊家、老舖，會把他們珍藏的屏風、美術品、武具拿出來展示和裝飾，叫「屏風祭」。屏風祭裡不乏有家傳代代的重寶和國寶級文物。這些沿街擺出的美麗寶物再加上夜晚點了燈後陣列於街頭的華麗山鉾彩車，伴隨著傳統囃子伴奏樂聲，整個祇園地區此刻就像一個流動的文化美術館一樣。

日本七月除了京都之外，在其他像福島縣、千葉縣、栃木縣、島根縣、福岡市也有祇園祭。其中京都市八坂神社祇園祭、福島縣會津田島祇園祭、福岡市櫛田神社博多祇園山笠被稱為日本三大祇園祭。

祇園祭是一個傳統上祈求驅除疫病與災厄的祭典活動，源自於「祇園信仰」。在過去日本神佛合一的信仰時期，祇園信仰拜奉的是釋迦出生地祇園精舍的守護神「牛頭天王」。明治元年（一八六八年）發出神佛分離令與神道國教化之後，神道教與佛教在日本民間信仰上已各自分別。原來八坂神社是被稱呼為祇園神社、祇園社、祇園感神院，但是明治元年的神佛分離令發布後，則不再用代表佛教意味濃厚的「祇園」兩字，而改名為八坂神社。我們現在說的京都祇園就是指京都東山的八坂神社周邊地區。

京都有一個 host family 組織叫「KAHF」（Kyoto Association of Host Family），成立於一九八三年三月。這個組織成立的目的是在透過組織成員義務組成的「照顧家庭」，對離鄉到京都求學的外國學生給予生活上的關懷與文化適應上的協助。KAHF 成立至今總數已有四百多個照顧家庭會員，三十多年來照顧超過兩千位以上外國留學生。我在京都念書時和我太太兩人也曾申請參加過這個組織成為被照顧的留學生。我太太的照顧家庭是一位京都大學工學部化學系退休的教授一瀨英爾先生和他太太。我的照顧家庭則是一位住在京都火車站後面，五十多歲留了小鬍子的中小企業自營商，櫻井守先生和他太太。一年當中有時假日或日本有節慶的時候，他們會請我們去他們家中用餐、帶我們去鄉下挖竹筍、野外 BBQ，帶我們去看上賀茂神社時代祭，並且介紹文化由來和故事給我們聽。當然每年祇園祭時，他們也一定會在京都炎熱的夏天裡，揮著大汗帶著我們穿梭在山鉾彩車中，向我們介紹許多的祇園祭文化與京都故事。

雖然留學回來台灣已十數年，但是每年到了祇園祭的時候，我還是會常常回想起那些當年在京都曾經給我們這些留學生協助與溫暖的日本長輩朋友。內心裡真的感謝他們。真的感謝他們。

海明威在記述他一九二〇年代旅居巴黎生活的回憶錄中曾寫道：「如果你夠幸

運，年輕時待過巴黎，那麼巴黎將永遠跟隨著你，因為巴黎是一席流動的饗宴。」我覺得我也非常幸運，年輕時可以在京都生活和居住過三年。京都確實永遠跟隨著我，在那裡曾經相遇過的人事與景物，值得我此生到老都深深地感謝與懷念。

豆皮壽司的滋味　十七日

台灣各地這幾年開了很多日本迴轉壽司店。這些店因為多半都是日商直接來台開設連鎖分店，所以餐廳裝潢、壽司種類也幾乎和日本一樣，氛圍近似，種類眾多。假日的時候經常都是大排長龍，商賣繁昌（商売繁昌）。

在台灣現在要吃壽司、生魚片，機會和種類已經不再像四、五十年前那樣稀有珍貴，而是一般庶民都可以接近的食物了。

我一直記得一九七〇代我還在念小學三、四年級左右的時候，有一天晚上我爸陪我媽回台北萬華的娘家，回來的時候大概已經晚上十點左右了。我爸要我去請本來已經休息的祖父出來，然後他在餐桌上攤開一包用報紙包著的東西。打開後裡面是一個像便當大小一樣的透明塑膠盒，裝著晚上從萬華三水街市場切好買回來的旗魚生魚片，還有一包綠色的芥末醬。然後我媽要我去冰箱拿一罐台灣啤酒出來倒給我祖父，接著我就看著大人們沾著嗆濃的膏狀芥末醬油吃起一口一口的沙西米。我在一旁看了很想吃，可是我媽說這小孩子不能吃，因為有芥末太嗆太衝。

那一天晚上我家客廳已經熄燈了，只有餐廳餐桌上的日光燈還開著。包著生魚片塑膠盒的報紙、黃綠膏狀的芥末醬油、祖父的罐裝啤酒、大人們吃下沾著芥末生魚片的表情……，這些景象雖然已經過四十年了，至今仍然在我腦中。

在那個年代，我對日本食物的印象除了那個小孩不能吃的生魚片外，其他只剩台北世運麵包店賣的用塑膠盒裝的海苔壽司和豆皮壽司。現在台灣迴轉壽司店裡轉盤上的壽司種類已經非常多，和其他上面覆蓋著魚貝蝦料的握壽司相比，豆皮壽司在店裡面應該是最便宜的。

豆皮壽司在日本，漢字寫成「稲荷寿司」。依據江戶時代末期的百科事典《守貞謾稿》所記載，稻荷神（日本神話中的穀神、糧神）的使者白狐狸喜歡食用薄切後油炸的豆腐，也就是我們說的豆皮。所以用豆皮裝醋飯的壽司就被民間稱為「稲荷寿司」，我們台灣稱為「豆皮壽司」。

稻荷神的使者不是一般狐狸，去稻荷神社看到的狐狸造像是白狐狸。那是因為牠是神的使者，和神一樣是透明的，所以日本稻荷神社裡的狐狸造像一定是白色的，用白色來代表與神界一般有著透明的身體。稻荷神社門口的守護石像多半也是用狐狸取代狛犬。至於為什麼狐狸是稻荷神的使者，主要的說法是因為古時農田收成之時，常常容易被老鼠侵擾，而老鼠的天敵狐狸常常在此時幫農民解決和遏止了收穫被老鼠所盜的問題，形同稻田收成的守護者。

稻荷神社是目前日本神社中數量最多的神社。總本社在京都伏見區的伏見稻荷大社和佐賀縣祐德稻荷神社以及茨城縣笠間稻荷神社，並稱日本三大稻荷神社。

日本JR的一些小車站裡雖然比較沒有像大站一樣有很多餐廳，但常常還是可看到一兩間賣烏龍麵或蕎麥麵的小店。這種店裡的麵食基本上都很便宜，談不上美味，但是給很多經濟比較拮据的學生和上班族提供快速止饑的選擇。

我每次用餐時如果一個人正好經過這種車站內投幣小麵店，常常會點一碗最便宜、大約五百日幣的豆皮烏龍麵（日文也叫きつねうどん——，狐狸烏龍麵）來吃。和家人在台北的迴轉壽司店時我幾乎每一次也還是會點一盤最便宜的豆皮壽司來吃。家人常常都覺得我怪，轉盤上那麼多種類豐富的壽司不點，為什麼每次都習慣要吃一盤豆皮壽司?!

因為我覺得，豆皮壽司真的好吃啊！每次吃一口下去的時候，好像我的祖父就出現了。再吃一口，我的父親就出現了。再吃一口，我的童年就出現了。這麼幸福與懷念的滋味，怎能不點呢?!

本社在長野縣長野市的製作與販賣稻荷壽司的 MISUZU 公司，定今天七月十七日為「稻荷之日」。

行田蓮花與地方創生　十八日

埼玉縣北部有一個人口數大約八萬人的城市，行田市。

行田市在「令制國」（飛鳥時代到明治初期日本的行政區劃單位）時代是武藏國的埼玉郡，所以也被說是今天埼玉縣縣名由來的城市。

每年初夏六月的時候，行田市內的水城公園可以賞花菖蒲和繡球花。七月中此時則是賞古代蓮（行田蓮花）最適宜的時候。

一九七三年（昭和四十八年）行田市實施公共工程挖掘工事後產生的水塘裡，開出了一朵朵蓮花，這些蓮花色態都十分出奇的動人美麗。後來經過採用放射性碳素年代測定方法對該蓮花出土的地層遺物和木片來做測定後發現，這些物質大約是一千四百年前到三千年前所遺留。所以後來就稱此一區域出土之行田蓮花為「古代蓮」。這些在行田土地上甦醒過來的美麗蓮花一共有四十二種類，十二萬株。每年六月到七月下旬開放時，盛大繁多的行田蓮花堪稱絕景。

行田市還有西元五世紀後半到七世紀初左右的九座大型古墳群遺跡，並被日本國家指定為國家特別史蹟。三十公頃的古墳公園內還有當初被考古挖掘出來的國寶「金錯銘鐵劍」，展示於縣立琦玉史蹟博物館。行田市政府非常保護與珍惜此等歷史文物遺跡，並希望這些古墳群與文物能像古羅馬文物史蹟一樣，為地方帶來觀光人潮與發展。

一九八八年（昭和六十三年）到一九八九年（平成元年），正處於泡沫經濟時代中期的竹下登內閣，施行了「自己想自己做的地域構築事業」（自ら考え自ら行う地域づくり事業）地域振興政策。

對地方交付稅來源的全國各市區町村，各交付予一億日圓讓它們進行地方發展振興。這個政策又被稱作「一億元故鄉創生事業」（ふるさと創生一億円事業）。

一九九二年起到二〇〇〇年期間，平田市政府完成了當初古代蓮自生地區的整備作業，先後於一九九五年完成做為市花的古代蓮公園開園，並於二〇〇一年四月開館園內的古代蓮會館。二〇〇八年起並設立了田圃藝術與製米體驗事業推進協議會，在緊鄰古代蓮園區東側的水田進行田圃藝術事業，也就是近年我們台灣屏東縣也發展成功的地方稻田彩繪造景藝術活動。二〇一七年紀念田圃藝術十週年時，在鄰接古代蓮園區南側的水田也進行稻田彩繪活動。另外從二〇一四年起，在冬天的時候則會利用稻草進行田圃藝術裝置活動，舉辦日本最大的稻草藝術活動。

如果不是因為查閱季節性資料，我想我也不會認識這個雖然小卻讓人感覺很努力自力更生、重視歷史、發展地方的行田市。而那些色、態仿若真是出自佛陀聖域的行田古代蓮，雖然僅是透過照片觀賞，也確實讓我相當震撼。

「地方創生」這個課題不僅在日本，在台灣也是一個重要的事業。它需要中央政府的政策與預算支持，也需要地方的努力與熱情。工事後無人聞問的水塘裡開出的古代蓮，點燃了地方的希望，振奮了地方人心，也激勵了地方的努力。

李子、烏鴉團扇、巡洋艦「多摩」　二十日

東京都府中市有一所大國魂神社。大國魂神社奉祀的是武藏國（現在的東京都西部・以埼玉縣西部為中心的地區）的守護神大國魂大神。相傳古昔大國魂大神開拓了武藏國，傳授人民衣食住行之道，並且教導人民醫藥禁厭的方法。第十二代景行天皇於西元一一一年創建此神社以祭奉大國魂大神，創建以來至今已有一千九百年以上的歷史。

每年七月二十日今天大國魂神社內會舉行李子祭，並且於神社境內發送上面畫有烏鴉的扇子或團扇。李子祭時神社內沿參道會有一攤攤販售新鮮李子的露天攤位，攤數在境內大約有一百二十家，每年都會吸引許多遊人信眾前來購買。據統計李子祭當天前來神社的人數歷年平均都在七萬人左右。

平安時代後期，源賴義和源義家父子出征參與「前九年之役」前，曾特別到大國魂神社祈願戰爭勝利，並且向神明敬奉自古以來被認為是驅逐惡鬼的果物李子做為神饌。這也就是大國魂神社境內李子市和每年李子祭的由來緣起。

李子祭當天所發送的烏鴉扇子、烏鴉團扇主要是源於防疫除厄、五穀豐收的信仰。民間認為用此等扇子扇一扇，可以驅除農作物蟲害並讓生病的患者平安康復。放在家中玄關還有驅魔和招福的神效。通常在李子祭當天，神社會從早上六點起免費發放烏鴉團扇至下午九點給來客與信眾。

至於扇子上為什麼要畫烏鴉？相傳神代往昔，大地主神在農事時期為了慰勞插秧女與農夫而請他們吃牛肉。此景被御歲神的兒子看見了回去向御歲神報告，結果御歲神聞後大怒並向田裡施放蝗蟲把稻苗都啃盡。大地主神大驚後召來卜者問卜，卜者告訴他，這是御歲神作祟，建議獻上白豬、白馬、白雞向御歲神道歉，應可讓御歲神消氣。大地主神如此做後御歲神果然氣消，並且教他驅除蝗蟲的方法。其中一個方法，就是拿上面畫有烏鴉的扇子驅除蝗蟲。

天正十八年（一五九〇年）因為轉換大名領地而進入關東的德川家康，也對大國魂神社奉納社領五百石以表崇敬，並且為了迎接奧州仕置後歸途中的豐臣秀吉，而在大國魂神社本殿南西一百五十公尺處蓋了宅邸府中御殿。德

川家康經常在鷹狩打獵時到訪此地，算是家康進入關東後與他極有緣分的地方。家康死後，一開始雖葬於靜岡縣久能山，但是遵照他的遺言過世一年後移葬日光。從久能山移靈到日光的十九天路途中，家康靈柩曾於府中御殿停靈一晚並舉行祭祀。二代將軍德川秀忠為了要讓此遺跡可以傳於後世，在元和四年（一六一八年）於大國魂神社境內造建了府中東照宮。

大國魂神社境內面積遼闊，內有日俄戰爭紀念碑，與二戰時戰歿的巡洋艦多摩戰歿者慰靈碑。日本自古也有祈願海上出入平安的船靈信仰，無論是戰前日本海軍時代還是今日的海上自衛隊，在軍艦或潛水艦的艦長室附近或人多聚集的艦上食堂附近多會設置艦內神社，也就是「勸請」國內的神社神靈分靈上艦，以保護海員航海平安。

二戰時日本海軍巡洋艦「多摩」的艦內神社就是供奉大國魂神社的御祭神大國魂大神。昭和十九年（一九四四年）十月二十五日的菲律賓海海戰中，巡洋艦多摩遭美國潛艦魚雷擊中沉沒，艦長以下總員四百四十名船員全數未歸。平成二十六年（二〇一四年）多摩艦沉沒七十年週年時，大國魂神社的氏子青年崇敬會組織了軍艦多摩顯彰會，並建立了軍艦多摩戰歿者慰靈碑。其後於每年十月舉行慰靈祭。

下次夏天此時如去東京，不妨去府中市大國魂神社買一袋李子、搖一搖扇子，感受一下東京的夏天風物詩語。

日本三景　二十一日

二〇一九年六月的時候，我和家人及朋友們去了京都府北部宮津市的天橋立遊覽。記得那天朋友突然問我知不知道日本三景是哪三景？我這種不學無術的人當然當場就答不出來了。後來朋友告訴我，很好記。只要記得日文「あまい」（甜）即可。

日本三景就是京都府天橋立（あまのはしだて）、福島縣松島（まつしま）、廣島縣嚴島（いつくしま）。三個地名日文開頭的第一個字「あ」、「ま」、「い」和起來中文的意思正好是「甜」。

江戶時代前期有一位京都出身，仕宦於德川幕府第四代將軍德川家綱的儒學者林春齋（1618-1680）。他在一六四三年（寬永二十年）所著的《日本國事跡考》裡曾寫道「松島、此島之外有小島若干、殆如盆池月波之景、境致之佳、與丹後天橋立・安藝嚴島為三處奇觀」。這段文字，一般被認為是日本三景由來的端緒。之後一六八九年（元祿二年）另一位儒學者貝原益軒（1630-1714）訪問天橋立，並在他的著書《己巳紀行》中寫道「把天橋立做為日本三景之一是合宜的」。這是「日本三景」說法文字首次在文獻上出現。

日本三景觀光聯絡協議會在二〇〇六年的時候，定今天七月二十一日為「日本三景之日」。由來是因為這一天是上面寫到的林春齋先生的誕生日，另一方面夏季此時，也正是日本三景均有海藍、松綠共同景色的時期。也有人說如果要以「雪、月、花」來比擬這三處的話，那麼雪之天橋立、松島之月、嚴島楓紅恰可比擬。

這三個地方景色上有一個共通點，就是都面臨美麗的海洋、傍臨綠綠的山色。美食上也有一個共同點，就是都有生產美味的當地名物：牡蠣。松島和嚴島要吃冬天的牡蠣，天橋立則要吃夏天的岩牡蠣。從鹽釜漁港出航在遊艇上吃松島的牡蠣火鍋、在天橋立吃松葉蟹和鳥貝、在嚴島吃穴子魚和楓葉饅頭，都是去日本三景做「食觀光」時一定不要錯過的美味。

這幾年日本三景的年間觀光客數，松島大約有三百七十萬人、嚴島大約三百零九萬人、天橋立大約兩百六十七萬人。日本三景雖然知名度高，但是三個地區都一直苦於住宿客減少。最主要原因可能是因為附近原本都沒有相應伴隨的知名溫泉。為了解決此一問題，一九九九年（平成十一年）天橋立溫泉「開湯」，文宣主打「萬神殿的遊湯」。現在旅館數有九間，民宿兩間，公共浴池一間。泉質是鹽化物泉和單純溫泉。嚴島主要是冷泉加熱後的溫泉，泉質是放射能泉。現在有三間旅館提供加熱式溫泉。松島溫泉則於二〇〇八年（平成二十年）開湯。文宣主打太古天泉。泉質和天橋立一樣也是鹽化物泉和單純溫泉。

山口縣出身的伊藤博文首相曾經數度造訪廣島縣的嚴島。一八八五年明治天皇到嚴島行幸時，伊藤博文也以參議身分同行。當年明治天皇住宿的嚴島彌山上的大本山大聖院裡，仍掛著一幅當年明治天皇行幸該地的繪圖，伊藤博文也在圖中。在紅葉谷的老鋪旅館「岩惣」的住宿帳上，至今仍留存著伊藤博文一八九六年和一九〇六年在該旅館住宿的紀錄。嚴島地區伊藤博文最推薦的點是彌山。他曾直說「日本三景之一（嚴島）的真正價值，在於彌山頂上眺望的風光」。

講到紅葉谷的老鋪旅館「岩惣」，順道提一個伊藤博文的逸事。說有一天伊藤博文在岩惣的茶屋喝茶休息時，突然看到女服務生紅紅細嫩的手，然後有感而發的說「那麼可愛像楓葉一樣的手，如果吃下去一定很美味吧?!」結果一旁的女將（女經理）聽到了之後，就把這一段告訴了附近的和菓子屋職人高津常助，高津就以此為發想在一九〇六年（明治三十九年）作出了紅葉形燒饅頭。這就是嚴島當地有名的「紅葉饅頭」。

日本三景至今我只去過一景，不過沒關係，境隨心轉，只要帶著好心情去日本玩，處處都是好景。

木屐、草履、足半草履　二十二日

大學要畢業前一個月，有一天傍晚同班同學室友忽然說，我們要不要來去環島？然後我們四個人就一人一語鬼扯後，當天晚上拿了兩條破棉被往車上一丟就直接下墾丁了。

這趟環島旅行到底花了幾天，去過哪些地方，其實說真的我現在已經沒辦法詳記訴說了。但是我記得，從出發開始一路上，我是穿著一雙木屐遊完全島旅行的。

日本全國履物同業公會定今天七月二十二日為「木屐之日」（下駄の日）。下駄（木屐）是日本傳統的履物（足下穿物）。這裡「下」意味著地面，「駄」意味著「履物」。「下駄」這樣的名稱，據稱是日本戰國時代就有。從靜岡縣出土的登呂遺跡中發現，日本在彌生時代就有保護足部和防止行走時腳陷入水田和濕地的木板。木屐基本上就是一片木板下面有突出的「齒」，上面有固定腳部的條帶。依據木板下面的「齒」的高低、單雙、造型，又有不同名稱與造型的木屐。大體上因為有了這個墊高的齒，和齒之間的間距，所以可讓地上泥濘的土壤以及人或動物的排泄物不致弄髒了穿著衣物，也防止了人陷入泥濘中時不便行走的窘況。

從江戶時代前期的一六八四年左右開始，齒低的駒下駄已在民間普及。一九四〇年代之後橡膠做的履物登場販賣之後，木屐的銷售量就開始衰退許多了。

這裡想順帶提到的也是日本傳統民間常常會穿的「草履」。草履簡單形容就是我們去日本溫泉旅館時常常會穿的夾腳拖鞋。草履和木屐構造上最大不同當然就是底部了。雖然都是夾腳足下物，但木屐有齒，高度比較高。草履底部是平的，日本人穿的時候習慣突一點點腳後跟出來。

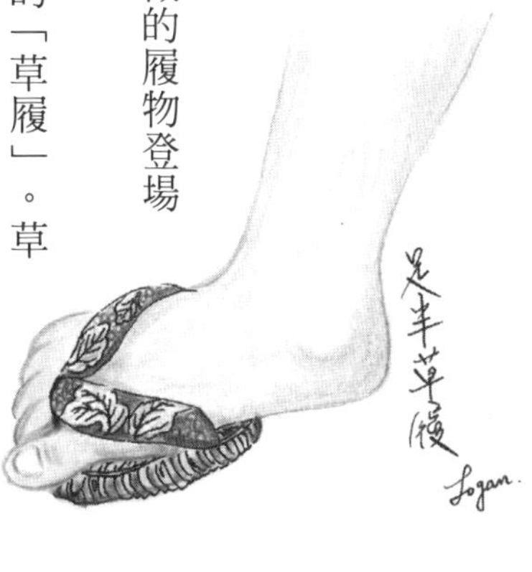

最近幾個月因為疫情的關係，沒有機會外出吃飯，也不會外出購物，我有時會上日本亞馬遜網站看看有沒有什麼珍奇怪物。結果被我發現日本有一種「足半草履」，就是這個夾腳拖它的底部不是整個腳板大的，而是只有前半段腳掌大，腳後跟段整個是沒有鞋面、空的。據說穿足半草履有治肩痛、腰酸、拇指外翻、腳底筋膜炎和矯正身形骨骼及走路姿態等健康之效，ＮＨＫ還曾經特別做過一次專輯節目介紹足半草履。

大家都知道東京上野有一個西鄉隆盛牽一隻狗的銅像，但是多數人可能沒有仔細注意到，其實西鄉隆盛腳底下穿的草履正是只有足底前端腳掌大的足半草履。據文獻記載，日本史上英雄人物除了西鄉隆盛以外，戰國之雄織田信長也喜歡穿足半草履。據傳信長公常常喜歡把一雙足半草履繫在腰上，有一次他的家臣與越前的朝倉一族作戰後提著敵軍武將首級歸來，信長公大喜之餘隨即拿下腰間的足半草履做為獎賞送給這位家臣。

看了西鄉隆盛和信長公都喜歡的足半草履介紹後，我也忍不住網購買了一雙來穿。這個產品在日本亞馬遜上有四十三個人上去評價，平均評價有四點五顆星。評價很高。我買回來穿後，確實如先前購買的網友所言，剛開始穿前兩週腳穿起來會很痛，每次大概穿走個十分鐘就不行了，但是後來會漸入佳境，越穿越舒服。因為是完全日本職人純手工藺草編製，所以也不便宜，一雙要一千多塊台幣。但是我覺得這其實也是藝術品，想到這是「在生活中也可以使用的藝術品」還是「有益健康的藝術品」、「西鄉隆盛、織田信長也穿的藝術品」，就值得了。（笑）

微笑讚美著吃一碗天丼　二十三日

每年七月二十三日左右，曆法節氣上是一年中暑氣最重的時候，叫「大暑」。日本人在夏天的時候相傳吃三種食物可以防止「夏日倦怠症」（夏バテ）。一是天麩羅、二是鰻魚、三是燒肉。為了這三種食物，還訂有七月二十三日為「天麩羅之日」、七月二十日前後為吃鰻魚的「土用之丑之日」、八月二十九日為「燒肉之日」。這三天被稱作「防止夏日倦怠症的三大紀念日」（夏バテ防止の三大記念日）。

另外還有一個「三」則是江戶三大美味，天麩羅、蕎麥麵、壽司。

上面兩個三的交集是天麩羅，今天七月二十三日「大暑日」正是被不成文規定的「天麩羅之日」。這一天很多天麩羅店家會推出特別的 menu 或促銷販售活動。

天麩羅日文發音是念「てんぷら」，很像我們台灣人說「甜不辣」的發音。但是日本天麩羅和台灣甜不辣是兩種完全不一樣的食物。天麩羅主要是指魚介類的食物或蔬菜，裹上小麥粉做炸衣之後，拿下去油炸而成的食物。

至於為什麼叫天麩羅在語源考究上有兩種說法，一種是說他來自於葡萄牙語的 temperar，指「加了調味料、用油使它變硬」。或來自葡萄牙語的 tempero，指調理、調味料。另一種說法則是說「天」代表的是炸油的上緣，「麩」指的是灑上的小麥粉，

「羅」則指的是絹織般的網狀薄物。

這讓我想起在日本念書的時候，有一次朋友請我們去她住處說要一起吃「炸串物鍋」（串揚げ鍋）。這種鍋的吃法就是先備料好一堆用竹籤一串串串起來的蔬菜或肉類，然後桌上備好要做炸衣的小麥粉和一個電磁爐加熱的小油鍋，大家就圍著小油鍋邊吃邊裹粉炸這些竹籤串好的食物然後配啤酒。年輕人這樣邊吃邊聊天倒也很熱鬧美味。

天麩羅淋上老醬汁做成蓋飯也很好吃，叫「天丼」。銀座有一家明治十八年（一八八五年）開業的賣天丼的老餐廳叫「天國」。我最早發現這家店是因為這家店對面附近有一家賣小朋友玩具的量販百貨店，很多觀光客去東京會去那裡買玩具帶回國給小朋友。那次因為去給小朋友買玩具，所以意外發現這家原來很有名的老店。

一碗好吃的天丼，飯、醬汁、天麩羅，三者統統必須要是最好的用心傑作才能完成，缺一不可。

記憶裡去銀座天國吃天丼時，一樓坐的多半是上了年紀的客人。我印象很深刻的是這些在銀座天國吃天丼的老先生、老太太們衣著都很整潔和慎重。掀開店家天丼蓋飯的飯碗時他們會露出微笑的讚嘆表情，吃了第一口後就會開心的說一聲「嗯～

真美味、真好吃」。不管這是對店家料理食物的禮讚也好，對食物的感恩也好，那一幕真讓我感受到一股溫暖與柔和的美食用餐文明。

我真心相信要做文明的國家，一定是多數人民經常使用讚美與感謝語言的國家。

田端、河童、水虎晚歸 二十四日

今天是芥川龍之介的「命日」。也就是他的忌日。日本人也慣稱芥川的忌日為「河童忌」。

最初對芥川龍之介印象深刻是因為我在東京山手線田端車站附近的商務經濟旅館METS飯店投宿過好幾次。晚上從METS飯店走出來幾次總會看到附近路上有一個「芥川龍之介故居」的指示牌。

田端的METS飯店走出來附近吃的店家很少，我印象比較深的是附近有一家叫「グリコ」的家庭式卡拉ＯＫ飲酒小店。我第一次去這家店是我一位做日本貿易的大學同學帶我去的，裡面只有一位中年老闆娘和一位長得清秀的女性服務生，店裡大概只能容下最多不到十個人。

那次去我問我同學唱什麼歌好？他說來這種日本店，我們唱日文歌翻唱的中文歌「很有效」。當天我們就點張學友的〈藍雨〉，日本歌手德永英明唱叫〈Rainy blue〉。果然一點，其他日本客人也會唱，最後大家中日文混雜一起哼、一起唱，變大合唱。唱完酒再互敬一下，話頭一開，現場台日就友好交流了。

一九二七年（昭和二年）今天，芥川龍之介（1892-1927）在田端的住處服用過量安眠藥過世。當天是一個雨落不斷的日子。過世時，他三十五歲。

從芥川留給他的小說家好友久米正雄的遺信來看，他當時正受困於「模糊的焦慮」（ぼんやりした不安）。芥川的好友們事後回述，芥川要尋短之前是有徵兆的。過世前他去他第一高等學校時代起的好友菊池寬的文藝春秋辦公室兩次，但都沒和菊池寬見到面。死前幾天他也去住家附近的好友室生犀星的住處兩次，但是室生正好為了雜誌外出取材都沒遇上。為了這事，室生還自責苦惱了許久，認為當時如果能和芥川碰到面聊一聊，芥川就不會走了。芥川走了之後室生很受打擊，一直過了快半年，他才有辦法提筆寫芥川。

田端這個地方一直到了明治時代中期還是一個野林與農田交錯的閑靜農村。但是到了上野的東京美術學校開校之後，開始聚集了許多藝術家在那裡居住。明治三十三年畫家小杉放庵去了，三十六年陶藝家板谷波山也在那邊築窯，接下來雕刻家吉田三郎、鑄金家香取秀真、版畫家山本鼎也都陸續前往移住。到了大正三年芥川龍之介、大正五年詩人室生犀星也搬去田端，接著以芥川和室生為中心，詩人荻原朔太郎、小說家菊池寬、堀辰雄、佐多稻子也都聚集到田端。田端就從明治時期的「藝術家村」變成了「藝術文士村」。他們在田端留下的諸多逸事多半都是在二十到三十歲的年紀，在那裡互相切磋琢磨，然後各自於世放出光彩。

「河童忌」的名稱由來大抵有二，一是芥川過世那年他出版了藉文批世作品《河童》。另一是芥川本人也非常喜歡河童，他還畫河童。

一九一九年（大正八年）五月六日到十日，芥川龍之介和菊池寬去了長崎，去了浦上天主堂參觀又去拜訪長崎醫專的齋藤茂吉。一九二二年四月二十五日到五月三十日他又去了長崎。這次停留了一個月，還親筆一口氣畫了一幅雌的河童圖送給名藝伎照菊（杉本わか）作為屏風之圖。這幅圖叫「水虎晚歸圖」。這幅圖裡的雌河童回首顧盼，被稱為芥川所繪的河童圖中之最大力作，至今仍被長崎市歷史文化博物館珍貴地保存中。

男體山　二十六日

記得幾年前去日本旅行時，其中有一天的行程曾到訪日光東照宮。在東照宮時一位朋友看了看神社裡的木牌說明後突然問我「日本這個『男體山』是有什麼意思還是由來？」那次我是第一次去日光東照宮，再加上又不學無術，所以也愣在那裡，答不出來。

今天是西元八二〇年（弘仁十一年）日本高僧空海大師把原來的二荒山命名為日光山之日，又稱「日光之日」。趁此我就來研究一下，當年友人的男體山提問。

男體山位在栃木線北西部中禪寺湖北邊，和旁邊的女峰山、太郎山被合稱為「日光三山」。日光三山又和其中環抱的大真名子山、小真名子山構成日光連山群，因為都是火山運動形成，所以這個日光連山群就像一個「火山一家」一樣。

男女一對的山在日本其他地域也有許多，比如奈良的二上山也有雄岳和雌岳，茨城縣的筑波山也是由男體山與女體山並立。日光的男體山就是相對應於其東北側的女峰山被命名而來。是標高二四八六公尺的火山。

男體山在奈良時代西元七八二年（延曆元年）佛僧勝道上人開山時，因為被比擬為觀音菩薩居住的「補陀洛觀音淨土」（像中文說的普陀觀音淨土）而被稱為「補陀洛山」。這個補陀洛山山名在當地後來又被改成日文發音（hutarasan）相同的二荒山。其後西元八二〇年（弘仁十一年）空海法師登山頂，因為被山色所感動，又把此山命名成與二荒山在日文上音讀發音相同的日光山（nikosan）。在日文的漢字讀音裡有分音讀和訓讀，音讀是模仿漢字的讀音而來，訓讀則是借漢字的字型、字義來表達語義，但是讀法仍是採日文原有讀法。

現在日光山應是指在栃木縣北西部以男體山（二四八六公尺）、女峰山（二四六四公尺）、太郎山（二三六八公尺）三山為中心的山岳總稱。

相傳日光山群中有三位山神。男體山山神為大己貴命，代表千手觀音。女峰山山神為田心姫命，代表阿彌陀如來。太郎山山神為味耜高彥根命，代表馬頭觀音。各自在二荒山神社的奧宮（建於七八二年）、二荒山神社後方的瀧尾神社（建於八二〇年）與二荒山神社前方的本宮神社（建於八〇八年）被奉祭。

西元一九九九年（平成十一年）十二月二日在摩洛哥馬拉凱許舉行的第二十三屆世界遺產委員會議上，通過了將日光的東照宮、二荒山神社、日光山輪王寺以及日光山境內的一百零三棟建造物群文化遺跡景觀，登錄為世界文化遺產。

今天算是藉「日光之日」補考幾年前友人出的考題。

地名，歷史生命的起點　二十八日

今天是日本地名研究家谷川健一（1921-2013）的誕生日以及日本「愛奴語」地名研究家山田秀三（1899-1992）的忌日。日本地名愛好會為了提高人們對地名的理解與關心，定今天為「地名之日」。

北海道有很不容易發音與直接理解的地名，原因是這些地名主要都來自北海道原住民族的「愛奴語」。江戶時代起，很多所謂的「和人」（日本人）進入北海道。後來很多北海道地名都是把該地的「愛奴語」地名發音配合漢字而命名的。

比如：

札幌，是從愛奴語發音「サッ・ポロ・ペッ（saporopetsu）」而來，意思是乾涸的大川。

小樽，是從愛奴語發音「オタ・オル・ナイ（otarunai）」而來，意思是海濱沙灘中的河川。

苫小牧，是從愛奴語發音「ト・マク・オマ・ナイ（tomakuomanai）」而來，意思是在沼澤深處裡的河川。

稚内，是從愛奴語發音「ヤム・ワッカ・ナイ（yamuwakanai）」而來，意思是冰涼飲用水的河川。

釧路，是從愛奴語發音「クスリ（kusuri）」而來，指溫泉水。

很像我以前學日文時，我七十八歲的台灣人日語老師告訴我們，說台南的玉井（日文發音 tamai）是日本人依據原來「噍吧哖」地名的台語發音改的。高雄（日文發音 takao）是日本人依據原來「打狗」地名的台語發音改的一樣。

東京都的二十三個區裡面有很多大家熟悉的地名（町名），像有樂町、六本木、銀座、秋葉原、淺草、永田町、目白……等。這些地名每一個都有由來故事。

下面就舉幾個在日本旅遊搭地鐵時常看到的地名的由來。

一、國會議事堂與首相官邸所在的永田町

永田町的地名由來在於該地所在的永田馬場。而永田馬場的由來在於以前那裡有很多姓永田的旗本（武士的一種身分）的宅邸。從江戶時代的繪圖中可看見，在延寶年間（1673-1681）就有永田町的記載。裡面有姓永田的永田善次郎、永田庄八

的名字。後來很多大名都在那裡有宅邸，像櫻田門外之變被暗殺的井伊直弼就是其中之一。他的房子現在已被改成憲政紀念館。

二、卡拉ＯＫ名曲〈相逢有樂町〉的有樂町

有樂町地名的由來來自織田信長的茶人弟弟織田長益（號「有樂如庵」。常被稱「織田有樂齋」）的名字。一六〇三年德川家康開啟江戶幕府時代，賜給織田有樂齋數寄屋橋御門周邊的土地和房子，這個地區自此就被稱為「有樂原」。一八七二年（明治五年）時被命名為「有樂町」。屬於千代田區。

三、原銀貨鑄造所所在地的銀座

一六一二年（慶長十七年），幕府把原來在駿府（靜岡縣）的銀貨鑄造所（俗稱銀座）移轉到當時叫「新兩替町」的地方。後來這個銀貨鑄造所雖然又搬去了日本橋的蛎殼町，但是銀座這個名稱已經成為該地地名，一直被使用到現在。銀座的高級商店街上有百貨公司松屋、松坂屋、三越等，另外歌舞伎座和新橋演舞場等許多劇場也在那裡。

四、世界知名的電器區秋葉原

一八六九年（明治二年）此地區發生大火後，明治政府在保留的防火用地裡的中心區，建了鎮火神社。鎮火神社裡奉祭的則是江戶時代人們所信仰的火防之神：秋葉權現。自此鎮火神社周邊的廣闊平原就被稱為「秋葉之原」。一八八八年伴隨著該地新建好的車站被命名為「秋葉原車站」，後來地名也被讀為「秋葉原」。

五、不是白目是目白

「目白」的名稱由來有幾說。其中一說是江戶開府之際，佛僧天海（慈眼大師）在這裡造了五尊守護此地的不動尊者像，五尊的目色各有赤、黑、青、白、黃。其中目色白的尊者為「目白不動尊」。另有一說是三代將軍德川家光在此進行放鷹狩獵時，把相對於「目黑」的此地稱呼、命名為「目白」。現在目白町是以ＪＲ山手線目白站為中心的町，町內娛樂施設少，幾乎都是閑靜的住宅區和高級住宅街。皇室一族入學的學習院大學也在此地區。

其實其他還有很多東京都內的地名由來故事可訴。了解一個地方的地名，其實也正是拜訪一個地方的歷史生命，也是尊重一個地方的起點。

花火大會　二十九日

差不多七月底了，馬上就要進到八月。常常聽人說「花火」（煙火）是日本夏天的代表風物，進入八月就來到了日本全國的花火大會季節了。

日本夏天各地的花火大會很多，但是如果要說日本三大花火大會的話，一般是指秋田縣大仙市的「全國花火競技大會」大曲花火（大曲の花火）、新瀉縣長岡市的「長岡祭大花火大會」（長岡まつり花火大會）和茨城縣土浦市的「土浦全國花火競技大會」。

簡單試書介紹一下這三大花火大會：

一、秋田大曲的花火競技大會

秋田的大曲花火競技大會可以回溯到一九一〇年（明治四十三年）起，至今已有一百年以上歷史，被許多人稱為日本花火競技會中最權威與花火師們最嚮往的大會。大會時打上天的花火約一萬八千發。在人口約四萬人左右的大曲街市，每年此日會吸引約八十萬人的觀光客。和其他花火大會不同的是，這個大會齊聚了全日本各地技巧一流的花火師，由製作者自己將自己的作品打上天空。裡面有全國唯一的「日間花火之部」、追求無瑕調和美的「十號玉之部」，以及創意競技的「創造花火之部」三個競技部門。對於優秀的作品會頒發以「內閣總理大臣獎」為首的諸多獎項。

其中最受觀客注目的，應是耗時整整一年製作，全長五百公尺壓卷之作 wide star mine「大會提供花火」。在音樂的伴奏配合下，進行五到七分鐘的壯大施放，輝映著大曲「花火之街（墎）」的美名，豪華絢爛的光之藝術，彩繪整個大曲夜空。

二、新瀉長岡的長岡祭大花火大會

長岡的大花火大會是日本三大花火大會中，唯一一個非競技大會。長岡祭的起源很古老，花火大會的舉行則是為了對一九四五年長岡空襲中因戰爭亡故的人們進行慰靈，另一方面也是對戰後努力於復興工作的先人們表示感謝，並且祈願世界和平。從一九四六年（昭和二十一年）八月一日起舉辦至今，每年兩天的花火大會已成為吸引超過一百萬人前來的地方盛典活動。

每年八月一日至三日的長岡祭期間，二日和三日會在信濃川河畔進行大花火大會，兩天約發射兩萬發煙火。其中說到長岡祭大花火大會一定要提的是在信濃川畔打上夜空全長兩公里的「復興祈願花火 phoenix（火鳳凰）」音樂花火施放，以及為了紀念ＮＨＫ大河劇《天地人》的播放而製作的「天地人花火」，和一百發連發的「米百俵花火」。

長岡祭大花火大會是一個音樂性、故事性與景象畫面均十足的美麗花火大會。

三、茨城縣土浦市的土浦全國花火競技大會

這個花火大會始自一九二五年（大正十四年），是日本全國少數在秋天舉行的花火大會。每年會聚集全日本七十多家花火業者在此進行競技。施放的花火包括參加的各業者打出的花火和大會提供的花火，總數約在兩萬發。這是日本三大花火大會唯一在關東地區舉辦，也因為交通的便利，平均每年吸引八十萬的觀光客前來。

土浦全國花火競技大會的始源由來，是因為土浦市文京區的神龍寺二十四代住持秋元梅峯師父與霞浦（霞ヶ浦）海軍航空隊有深厚的交情（海軍元帥山本五十六在大正十三年三月至十四年十二月曾住宿於神龍寺，現在在新潟市長岡市的山本五十六像原本也是在神龍寺），秋元師父為了協助關東大震災後土浦疲弊的經濟活化並且為航空隊殉職者慰靈，遂投入自己個人私財開始在土浦的霞浦湖畔舉辦此花

火會活動。結果這個花火大會為原本生意蕭條的商店街帶來榮景，地方的商家也紛紛協力投入，自此以來已變成土浦每年的盛大行事活動。因為是在秋天舉行，所以也有慶祝秋收和慰勞農民終年勤勞辛苦之意。二戰期間雖然曾經一度中斷舉行，但是戰後一九四六年（昭和二十一年）九月，第十四屆大會重新舉辦。舉辦的地點雖曾經數度移轉，但是一九七一年（昭和四十六年）後至今即一直在現在的櫻川畔大曲附近舉行。

這些日本花火大會裡，有職人們一生懸命的專業努力、有對土地與歷史人文的感念、有代代相傳的人間生命美麗。

赤味噌、白味噌　三十日

現在回想起來，從小到大對日本最早的味覺記憶連結應該不是生魚片、拉麵、壽司、燒肉等等，而是「味噌汁（湯）」。記得念小學的時候，我祖父和我父親早餐常常會煮一鍋味噌湯，然後泡飯吃。熱熱的味噌湯裡，我父親很喜歡加個蛋煮成蛋花，配上綠綠的蔥花浮在上面，冬天時熱熱冒煙的味噌湯泡飯吃，真是好吃。

兩年前曾買了三角寬（1903-1971）寫的《漬物大學》和《味噌大學》兩本書。我是真的相信，「味噌」這個日本人深愛的食品，一定是有很深的文化故事和歷史軼事的，不然三角寬也不會寫成了厚厚一冊《味噌大學》。

在日本超市架上可以看到味噌的商品大抵上有赤味噌和白味噌，這兩者的原料都是大豆，但是商品上為什麼有紅、白之別？

從味噌的製造過程來看，赤味噌和白味噌都是把做為原料的大豆浸水之後拿去加熱。赤味噌的赤色，主要來自大豆與麴菌的蛋白質和糖分加熱過後的「美拉德反應」。（指食物中的還原糖與蛋白質在常溫或加熱時發生的一系列複雜反應，結果會產生棕黑色的大分子物質類黑精。這個反應過程中還會產生上千個有不同氣味的中間體分子，而這些物質正為食物提供了可口的風味和色澤。）

雖然依熟成期間長短多少也有些影響，但是最主要的原因還是在赤味噌與白味噌製造過程中加熱方法的不同。赤味噌的製程裡是用蒸氣加熱裝了大豆的鍋子，蒸大豆。而白味噌則是去煮鍋子裡的水和大豆。簡單說赤味噌的加熱法是「蒸」，白味噌的加熱法是「煮」，對大豆加熱方法不同，所以產出的顏色也不同。

蒸了的大豆產生美拉德反應使得味噌茶色化，長時間高熱熟成下，顏色會變得更濃。另一方面用煮的大豆則把美拉德反應所需的蛋白質與糖分都溶入熱水中而變成不起美拉德反應的白味噌。另外在製作白味噌時，為了要讓它更白一些，會使用更多的麴菌，讓它短時間熟成。

一般來說，赤味噌鹽分濃度比較高、比較鹹，因為熟成時間長所以比較有濃醇醬香味。而白味噌鹽分濃度比較低，來自麴菌的糖分使它口味比較甜。有一說還指白味噌因為麴菌多，所以有很好的美肌效果。

紅酒和白酒中間有一個玫瑰紅酒。赤味噌和白味噌中間也有一個以信州味噌為代表的淡色味增，在日本也很普及。淡色味噌的製程有用蒸的也有的用煮的，經過調整麴菌量和熟成時間後製出。

我一位日本女性朋友曾經跟我說她在台灣很少喝到好喝的味噌湯，因為台灣人不會煮。我很好奇的問她，味增湯不就把海帶芽、豆腐等一些料和味噌放入水中煮滾就好了嗎？她說不是。中間是有一個一個步驟的。特別是絕對不能水滾中煮味噌。要水滾關火後，在水不是沸騰的狀態下溶解加入味噌。我個人以前煮食味噌湯時沒有特別注意此點，不過下次可以試試。畢竟謹守料理食物過程中一步一步的製作細節，常常正是美味產出的關鍵。

Cool Japan　三十一日

好像很多年前了，也記不起來什麼時候開始，年輕人之間讚美、欣賞對方時都會用一個英文單字「cool」，表示認同對方做的事情很棒，或穿著很棒、表現很棒、點子很棒、創意很棒、做法很棒……。簡單說就是令人欣賞與喜愛吧！

一九九七年時英國首相布萊爾為了促進與強化英國產業界創造力曾經提出「Cool Britannia（酷不列顛）」宣言。這個宣言的本意實質，主要是要把一九九〇年代英國在音樂、美術、流行等各文化領域在國內外所滙集的人氣，做為國家品牌戰略工具來向世界推進。同年韓國的總統金大中也推出了所謂官民一體的「Cool Korea」戰略。後來韓國的文化產業向亞洲市場開始浸透，所謂「韓流」、「韓劇」的興起，都是在這樣的國家戰略政策下推進而生的。

日本的產品、服務、創意，長期以來在世界各國也獲得很高評價。我記得以前賈伯斯也說過，過去在他心中最好的電器商品代名詞就是日本SONY。對我們台灣人而言應該也是如此印象。從小看的日本漫畫、節目、電玩遊戲機、動畫、偶像公仔、溫泉旅館、傳統工藝、食文化等等，這些被人信賴與喜愛的日本各領域產品、文化表徵與服務，其實都是日本的國家資產與國力。

二〇一〇年（平成二十二年）六月，日本政府在經濟產業省內也設置了Cool Japan室，以推進、擴張和販售日本的國家品牌價值與文化力。另外為了向國際前進而必須進行的資源整備、資訊提供、販售支援等業務，經濟產業省與外務省也共同設置了「Cool Japan支援現地task force」組織。在二〇一三年十一月更由官民共同基金成立了Cool Japan機構，開始對前往海外的日本企業進行支援。

這幾年看台灣有線電視時，會看到一個Wakuwaku頻道，裡面專門介紹日本的觀光、文化、美食與電視劇，這個頻道不只在台灣有，在東南亞以及世界其他國家也有。Wakuwaku電視台民間的主要股東是日商伊藤忠商社，官股則是經濟產業省。這樣的協力與方式也正是Cool Japan政策施行的一個實現縮影。

本社在東京都港區六本木的Creative NEXUS公司以「外國人眼中讚嘆與喜愛的日

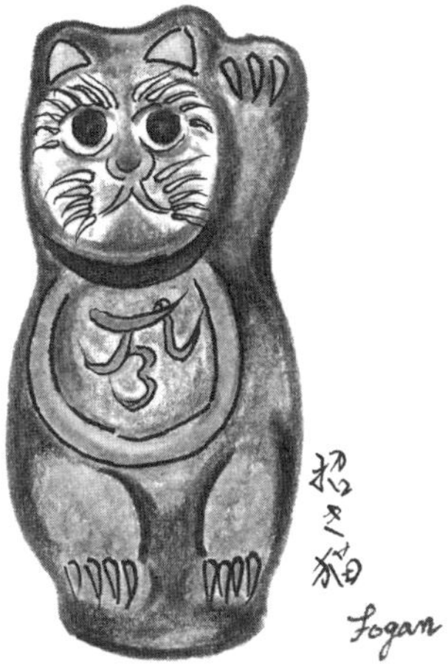

本」來做主題，製作了「發掘 Cool Japan」節目，並從二〇〇五年（平成十七年）七月三十一日起開始在 NHK BS1 衛星頻道放送。因為節目第一集正是從七月三十一日開播，所以今天也被訂做「Cool Japan 之日」。

八月

August

銀座上空飛舞的蜜蜂　三日

以前對日本的蜂蜜沒有特別深刻的印象，一直到這幾年去日本拜訪時收到了兩次日本朋友給的禮物裡都有蜂蜜，才開始有了感覺起來。

去東京銀座的時候，曾經抬頭看看銀座地區上空有成群的蜜蜂飛舞嗎？那是因為很多的銀座大樓屋頂上正經營著養蜂事業。數量據估大約有超過五十萬隻。

二〇〇六年（平成十八年）起，銀座地區的店家和企業主們開始進行了一個名為「銀座蜜蜂計畫」（銀座ミツバチプロジェクト，通稱為「銀蜂」）。他們將銀座大樓的屋頂綠化後在屋頂上進行養蜂，然後將生產的蜂蜜利用於各店家的商品上。除了販售純蜂蜜，還有將蜂蜜用在西點糕餅、料理以及肥皂和化妝品製作等用途。從一開始只有一百多公斤，到現在已經年產超過一．五噸。現在銀座松屋百貨公司裡「銀座蜂蜜」已是有名的限定商品，銀座裡一流的的甜品店裡也普遍使用銀座蜂蜜。

當初之所以會進行這項事業，是因為在銀座三丁目的銀座紙漿會館公司董事田中淳夫聽友人的說明後發現，蜜蜂的飛行範圍距離通常在半徑兩公里到四公里，而以銀座為中心畫圓的話，半徑兩公里內正好有皇居、浜離宮庭園、日比谷公園等植物眾多的多綠環境，還有許多街路樹都是很好的「蜜源」。東京的綠環境因為不是食用農產用地，所以開的花基本上都沒有被農藥噴灑過，可以作為養蜂的「蜜源」。田中試行之後發現確實可以收成不少蜂蜜，於是開始推動在銀座地區大樓屋頂的養蜂事業。銀座也就成為了後來各地都會區開始普及養蜂的先驅者和學習榜樣。

令人意外振奮的是，因為蜂群的出現，使得都市的動植物生態也起了活化的轉變。鳥類增加了、因為蜂群的媒介使得植物受粉機率大增，果實也增加了，甚至據傳幾年前起原本瀕危絕種的「銀座燕子」也開始飛回來銀座地區築巢了。一個都心地區的養蜂計畫竟間接對都會生態的循環帶來許多佳音、好事，也是當初始做此事業時的意料之外。

人類和蜜蜂的關係其實非常久遠，在古代埃及的壁畫裡就有描繪人類養蜂的畫面。日本在平安時代，蜂蜜就已是獻給宮中的貴重品。據載在江戶時代德川家康的孫女德川千姫出嫁時，嫁妝裡除了高級絹布外還有數百瓶蜂蜜。

全日本蜂蜜協同組合（公會）與日本養蜂蜂蜜協會於一九八五年（昭和六十年）定今日為「蜂蜜之日」，定三月八日為「蜜蜂之日」。兩者都是採取八（はち）與三（みつ）的日文諧音。

蜜蜂除了蜂巢被攻擊或自己被攻擊時會叮人外，一般是不會去攻擊人類的。下次去東京銀座時可以抬頭看看，看看高樓上是不是有努力來回飛舞的蜜蜂。

箸知育 四日

今天八月四日。日本免洗筷公會在一九七五年（昭和五十年）時定今天為「筷子之日」（箸の日）。以「漆筷」原產地而知名的福井縣小濱市也用與日文筷子（箸）發音相同的は（八）し（四）兩字，定今天為「筷子之日」。

在疫情影響之前，因為帶所屬社團成員家庭的孩子們去做年度青少年交流活動，過去幾年我幾乎平均每年會去一次熊本。每次去熊本的幾天，接受友社社友的晚餐招待後，日本友人慣例性的會帶我們大人們去「二次會」。二次會基本上就是飯後再前往另一家專門喝酒和吃些輕食的酒店坐坐聊天和唱歌，結束時間大約在晚上十點半。如果還有三次會，那就是回旅館前大家再去吃一碗拉麵了。

去過熊本二次會的幾家店裡，有一家店最令我印象深刻和喜愛。這家店店名叫「一鴻」。老闆是一位女性，黑田女士。第一次去店裡看見黑田女士時，她全身穿著和服站在門口迎客，當時大概五十多歲了，但是全身散發出來的氣勢和品味，當下真讓我覺得好像日本女星岩下志麻站在我面前一樣。

一鴻是一間氛圍特別的店，場地比一般二次會的店大許多，店裡面還有一個舞台，舞台上會演出正統日式舞蹈以及三味線等演奏。老闆本身就是一位資深的日本舞舞者。

和黑田女士比較熟了後，我也加了她的臉書，後來讓我更意外和好奇的是，她不僅是一位資深的專業日本舞舞者，還長年擔任一個「箸知育」（筷子知識與文化）協會的理事長，長年以文化教室型態舉辦推廣認識筷子文化，並教參加活動的大人和小孩製作筷子與正確認識和食禮儀。這個筷子文化教室每年還真的有不少大人與小孩去報名參加。

我覺得對筷子的學習、慎重與喜愛，真是很細膩與精緻的日本文化，是一種會發光與幽香的安靜。

吃正統懷石料理的時候，可以注意一下眼前手邊的筷子應該是兩頭都削成細、圓的筷子。叫「利休箸」。利休箸的由來是相傳茶聖千利休辦茶會招待客人餐食時，當天早上他會把奈良縣南部吉野山所採的赤杉做成的筷子兩頭都削尖，這麼一來筷箸頭兩端因此都會散發處新削杉木所散發出來的香氣，利休就以此來作為他的「待客之箸」。即使現在想到那個用餐時刻，似乎都可以聞到利休作的筷箸所傳來的微微的芬芳。

我後來發現日本人對自己感謝或敬重的對象送禮時有時會送一把好的手工製筷子。手工製的木筷職人在製作時會把筷尖削得細長，整個筷身會削呈八角形，代表著發達與吉祥。從筷尾也可以欣賞到清楚完整的八角作工。

三年前我和家人去京都大原時，在往三千院的路上意外看到一家外面木版寫著「黑檀、紫檀」的店家，進去後發現原來是一家手工製作筷子和木製小物的店。特別吸引人的是，除了筷子外他們還手工製作黑檀木筷子盒。在角落堆滿杉木木材的店裡，老闆娘告訴我這些筷子都是他兒子手工做的，但是他兒子最近身體不好，所以可能會休息一陣子。我當下感覺這些手作黑檀筷和盒實在都是美麗寶物，就各買了長短各一副的黑檀筷子，並且各配上一個收納筷子的手作黑檀木盒。拿回家自己捨不得用，但偶爾拿出來看時還是愛不釋手。

東京都千代田區的日枝神社，每年此時會把供在神前的一公尺長筷子火化，舉行「箸供養祭」。製作筷子相關產品的藤本商會本店公司在愛知縣豐橋市的龍拈寺裡也建立了一個「箸塚」石碑，三十多年來一直虔敬地進行「箸供養」。

筷子的日文漢字是「箸」，假名「はし」和日文的「橋」是一樣的。筷子確實像一座橋一樣，透過它的傳遞，我們才接受到了上天賜給我們的食物。正確的使用筷子，對筷子懷抱感謝，慎重自己的食文化，不只是我們自己可以慎重地對待和欣賞一副筷子，也可以把這個感受傳給每個世代的孩子。

鳩山眾議員的親子丼　五日

日本關西雞卵流通協議會為了提振夏日的消費買氣並且鼓勵消費者享用精力充沛的食物，定今天為「親子丼之日」。該組織與日本雞肉協會合作，希望將使用雞肉與雞卵來製作的親子丼之美味，可以讓更多人所熟知。

所謂的親子丼，是指把用醬油、味醂、糖、水調和後的醬汁，與洋蔥、雞肉和雞蛋煮後起鍋，鋪在白飯上的蓋飯食物。因為主食材有象徵「親子關係」的雞肉和雞蛋，所以被稱為「親子丼」。

親子丼的最早起源，狀況不明，但是在日本，很多人會把在東京人形町的玉ひで餐廳作為親子丼的發祥店。

玉ひで這家老店自一七六九年（江戶時代寶曆十年）開業至今已有超過兩百六十年歷史。第一代店主山田鐵右衛門原本是服務於幕府的「御鷹匠」（指在將軍家前，將放鷹狩獵活動後所捕獲的鶴鳥以庖刀將禽肉肢解與片肉的匠師），後來與妻子一起開了以軍雞料理為主的料理專門店。

據稱親子丼的原型原本是親子煮。玉ひで餐廳原本只是將店裡的雞肉壽喜燒吃到快結束時的醬汁，與雞肉打上蛋後給一些客人配白飯吃。這時候煮物和白飯還是分離的。到了明治二十四年（一八九一年）時，第五代老闆的妻子山田とく突然覺得可以「讓客人吃起來更方便」，於是把煮物直接蓋在白飯上給客人，這就成了現代親子丼的雛形。

但是玉ひで餐廳在菜單上正式使用「親子丼」這個名稱，已是昭和五十年

（一九六五年）左右的事。自此親子丼這個食物名稱才傳開，而玉ひで餐廳的原版親子丼形象也成為標準版親子丼。

幾年前和家人去東京旅行時，我也曾經和妻小一起去人形町的玉ひで吃親子丼。玉ひで的生意總是很好，平均一天中午會賣掉兩百客的親子丼餐，常常開店前半小時就已經大排長龍。

九州出身，現任自民黨眾議員的鳩山二郎（1979-），他的父親是曾歷任文部大臣、法務大臣、總務大臣的前眾議員鳩山邦夫（1948-2016）。鳩山邦夫的祖父是元首相鳩山一郎，父親是元外相鳩山威一郎，哥哥則是元首相鳩山由紀夫。家族裡出了許多有力的政治家。

我在看鳩山二郎議員的臉書時發現，他父親鳩山邦夫生前很喜歡吃親子丼。鳩山議員提到，他父親在世時，平常公忙奔波之餘，用餐時間經過 JR 久留米車站時喜歡去附近一家叫「花月堂」的大眾食堂吃親子丼。

二〇一六年六月二十一日，鳩山邦夫因十二指腸潰瘍病逝，那一年九月十三日正好是他六十八歲冥誕，二郎眾議員特別在臉書上 po 出當天請久留米花月堂老闆幫爸爸煮的親子丼，並請老闆在店內把親子丼放在邦夫遺照前給先父享用。今年六月二十二日，也是他父親忌日的隔日，二郎議員又 po 了一張他的地方服務處在忌日當天放置一碗親子丼於父親靈前佛壇的照片。

今天自己意發現了鳩山眾議員的臉書，意外看到這兩張其分別在父親冥誕與忌日準備的親子丼照片，讓我覺得這真是一碗名副其實的「親」與「子」溫暖丼飯。

看了那家ＪＲ久留米車站附近歷史已逾五十年的花月堂大眾食堂照片和地址，下次經過一定也來去它店裡點一碗親子丼，一定很好吃、很溫暖吧。

立秋的甲子園　七日

今天立秋。一年二十四個節氣到今天走到第十三個節氣。這幾年立秋有時會在八月七日有時會在八月八日，二〇二一年（令和三年）的立秋在今天，週六。

立秋的前一個節氣是七月二十三日的「大暑」，後一個節氣則是八月二十三日的「處暑」。從今天起到十一月七日的「立冬」就是「秋」了。

曆法上這個時候開始會感受到秋天的氣氛，秋風也會漸漸吹起，有「秋意立起」之意，所以叫「立秋」。但是實際上在一年氣候循環裡，這時候往往是一年中最熱的時候。

立秋隔天開始的暑氣已叫「殘暑」。日本人夏天的書信問候或拜訪叫「暑中問候」（暑中見舞い），但是立秋之後就要改為「殘暑問候」（残暑見舞い）了。書信中用語也不再用「暑中」而要改為「殘暑之候」。

日本的全國高等學校野球選手權大會，通常又稱「夏季甲子園」（夏の甲子園）、「夏季高校棒球」（夏の高校野球）、「夏季選手權」（夏の選手權）等，每年基本上都是在立秋前後迎接開幕。二〇二一年的第一百零三屆甲子園高中野球賽也將在後天八月九日週一開幕，進行十七天的比賽。

一九一五年（大正四年）第一回全國中等學校優勝野球大會在大阪的豐中球場舉行，當時共有十所取得各地區代表權的優勝學校參加。首屆決勝戰是由京都二中對上秋田中學，最後由京都二中以二勝一敗取得優勝。從第十回開始，場地改至新建好的甲子園球場舉行。一九四八年（昭和二十三年）起成為「全國高校野球選手選大會」。

我們一般常常看到的甲子園，它原來是指兵庫縣西宮市南東部的一個地區名稱。那裡有阪神甲子園球場，職棒阪神虎隊的主場也在那裡，並且以作為日本高校野球的發祥地而廣為人知。一九二四年（大正十三年）三月十一日甲子園球場在此地建成，在那之前該地原來是被稱為「枝川運動場」。由於竣工該年依據曆法十干十二支時間排順，正好是六十年一度的甲子年，帶有干支紀元起始的好兆頭意義，所以竣工開幕時被命名為「甲子園大運動場」。建築體外牆看板上則寫著「阪神電車甲子園大運動場」，現在則稱「阪神甲子園球場」。球場周邊一帶則被稱為「甲子園」。

但是也有一說是說，甲子園的「甲」是代表六甲山的「甲」，因為該區是小孩和年輕人的聚集地所以用了「子」字，所以甲子園也有「六甲山地區年輕人聚集之地區」的意思了。

甲子園大運動場當年竣工時，是一個可以容留六萬人觀眾的大體育場，當時被號稱「東洋第一」的棒球場。到二〇二四年，甲子園球場就要迎來百年了。疫情已經退散，我們又可以前往日本自由地旅行，甚至到甲子園球場與甲子園共度百歲生日。

章魚，生命力的美味　八日

「八」這個數字，在東方的文化裡，印象中好像都有一種活力旺盛的感覺。四通八達、七嘴八舌、七手八腳等等，加了一個「八」字詞義似乎就更活潑起來了。

去關西旅行時，特別是在大阪的商店街和熱鬧商圈常常可以看到大大隻的「章魚」看板。難波、道頓崛、甚至黑門市場商店街裡常常都會看到大大紅紅、八爪伸展、生命力旺盛的章魚立體廣告物。

這個章魚，就是有活力旺盛的「八」隻腳。

我們台灣人說的章魚，在日文的發音是「Taco」。在日文裡用漢字寫的話可以有蛸、鮹、章魚、鱆幾個寫法。讀音都相同。Taco這個日文發音，和日文漢字「多股」（多隻足的意思）也一樣，另外也和「多幸」的發音也一樣。一個發音可以有多種寫法又有數種關聯意義，也是日文有趣之處。

「蛸」這個日文漢字的意思本來是蜘蛛。章魚本來是海蛸子，海裡面的蜘蛛。後來被省略就只寫「蛸」。據載在平安時代的文

獻裡就已經有「鮹」的記載。

日本人和章魚的關係應該有相當的歷史。從大阪池上曾根的彌生時代出土遺跡來看，那個時代就有許多應為捕捉章魚的蛸壺形土器。日本人的飲食文化裡，把章魚拿來做壽司、刺身、煮物、章魚燒還是天婦羅炸物，都已有相當歷史。據統計每年全世界章魚消費量裡大約有三分之二都是日本人食用。但在世界其他地區除了像義大利、西班牙、希臘等漁業盛產國外，很多地方都不太吃章魚。

不過去日本超市時應會發現，超市裡的魚介類水產大多都是生的販售，但是章魚大多都是煮燙好之後販售。這是因為日本一般食用的章魚品種（這裡稱「真蛸」）如果生食的話，皮非常硬，咬不動。但是如果燙煮過了就變軟且易食。一般日本居酒屋裡吃到的生的章魚生魚片，品種並不是真蛸，而是北海道抓的水蛸。只有水蛸的品種柔嫩度（皮薄、軟、水分多）可以直接做章魚生魚片生食。

瀨戸內海的兵庫縣明石市的真蛸每年漁獲量位居日本第一。據載，明石章魚因為孕育於海流激烈的明石海峽，章魚足粗、短、有彈力，食用起來口感紮實甜度又高，長期以來都被認作為章魚中的高級品。明石章魚燒、章魚飯、章魚天婦羅等，都可稱是明石章魚名物料理。

說一個小插曲。現在的明石章魚其實多數是來自熊本天草章魚的子孫。因為據載昭和三十八年（一九六三年）時日本曾發生了一次全國性的寒災。那次創紀錄的寒流使得原本溫暖的明石海峽的水溫竟低於攝氏四度以下，而章魚的適寒容忍溫度只能到攝氏五度，所以那次幾乎使得明石章魚全都死絕。後來特地去熊本抓來了三萬七千隻、大約十噸左右的雌的天草章魚放流至明石海峽。大量被放流的天草章魚後來適應了明石海峽的風土，接著又代代繁衍下牠們的子孫，終於撐住了明石章魚這個章魚界高級品牌。

說到章魚的雄、雌，在區分上最快速的方式是看章魚腳。

每一隻章魚腳基本上都有兩列的吸盤，雌章魚的腳上吸盤都是一對對大小一致、整齊排列的。但是雄章魚的吸盤則會出現大小不一的情況。另一個鑑別方式則是，雄章魚的八隻章魚腳中，會有一隻腳的末端（尖端部分）沒有吸盤，日文說那個叫「交接腕」。也就是雄章魚在與雌章魚交配時釋放精包的工具、生殖器。

我們吃墨魚義大利麵時，只有烏賊的墨可以做，但是章魚的墨並沒有被拿來做義大利麵。那是因為第一、章魚的墨都在內臟深處，不像烏賊的墨有墨囊方便取出。第二、章魚的墨是稀的，噴出來呈煙霧狀。烏賊的墨是稠的，容易附著固化。所以做菜拌麵上多是用烏賊的墨，如果用章魚墨做義大利麵，那麼那盤麵一定是非常高價。

今天寫這麼多章魚，主要是一九九六年（平成八年）今天，廣島縣三原觀光協會定今日為「章魚之日」。三原是以章魚作為街之名物而發展起來的城下町。山陽鐵道三元車站北側有昔日三原城城跡。下次有經過，就，吃一份章魚吧!!

根本忠雄的泥鰍便當滋味　十日

「焼き鳥」（烤雞肉、雞雜串）在日本，是普受歡迎的一般國民飲食。炎炎的夏日裡燒出炭香味的雞肉、雞雜串，配上冰涼的啤酒，真是夏日裡的最高美味。

東京有一家營業至今已七十五年的燒鳥老店叫「鮒忠」。第一代的創業者根本忠雄（1913-1988）被許多日本人稱為「燒鳥之父」（焼き鳥の父）。根本是東京出身的「江戶子」，他從戰後一萬円日幣本錢做賣泥鰍和鰻魚的行商起家，做到了一九七五年時，已是有東京都內三十二家燒鳥直營店、九間雞肉處理工場和販賣屋，年商超過六十億円日幣的實業家。現在鮒忠已傳到第三代，由一九七〇年出生的孫子根本修擔任社長經營。

根本忠雄在戰後一九四六年（昭和二十一年）時，一開始是販賣泥鰍。每天早上他會扛著進貨的泥鰍從上野、御徒町等地徒步沿街販售泥鰍。在炎炎的夏日裡，大部分的商人可能會賣到一定的量就休息了，可是根本表示因為他一心希望可以早日有一個自己的店舖，所以當天進貨的量沒有賣出到九成，他就不停止當日的「行商」。而且他說因為想到要擁有自己的店，也就不以此為苦。

根本說，有時也有生意很好的時候，當天泥鰍會賣到一隻也不剩，那個時候當天午餐的便當就特別好吃。不過說特別好吃，便當裡也不是白米飯，而是「八麥二米」，配菜則是前一天賣剩的泥鰍。根本說泥鰍是必須儘快脫手的商品，如果死掉了放一晚就會腐敗臭掉，此時他太太則會把當天賣剩死掉的泥鰍用醬油滷過後給他隔天帶便當，

根本回憶，他當時每天沿街販賣到了中午左右，會在竹町的一個公園長板凳上休息吃太太幫他準備的便當，公園廁所水龍頭的水就作為茶來飲用。死掉了的泥鰍很容易壞，即使滷過了，當便當打開時那個撲鼻而來的味道還是非常的臭，「比公園廁所的味道還重、還臭」。但是根本說「我的人生大半生至今沒有再吃到過這樣令我感到美味的便當。即使現在，我還是無法忘懷當年那個味臭濃重的泥鰍的滋味」。

根本後來開始賣串烤泥鰍和鰻魚，但是泥鰍和鰻魚都是夏天的生意，到了抓不

到川魚的冬天時，生意就一落千丈。於是他就動念在冬天做起烤雞肉丸子的「度小月生意」，結果生意竟然大好，業績還超過他賣泥鰍和鰻魚的本業，最終使得他轉而以販售烤雞肉串、雞肉品為本業。

當時隨著進駐美軍的需求，飼料雞生產開始出現，雖然隨著產地直送使原料變得比較便宜，但是加上製作雞肉丸子和燒烤的手工，其實也是利潤不大。但是根本認為「好的東西便宜地賣一定會吸引客人來」，所以即使面對任何狀況他也不願漲價賣。他說很幸運地，生意一直很好，不只淺草周邊，連銀座和新宿周邊都有許多客人特地前來購買他的烤雞肉串。

根本做生意的信條是：不要生氣、不要志得意滿、不要貪得無厭。微薄自己的利潤、服務大眾。他說：「天助自助者。」、「踏踏實實地的努力工作，一定會獲得應有的報償。」、「人的一生中能否成功不單單只是運。再怎麼運不順遂的人也必定會有一次、二次的機會，是否能掌握住機會是關鍵。掌握機會時，即使任何逆境都要撐過去，如果沒有抱持著『就算咬到石頭我也要做』的毅力的話就不行。」

其實根本的信條和所述，並不是什麼橫空出世的「商道」或成功道理。現代人看了可能還覺得八股和平庸。現代人做生意似乎講究「尖」、「精」、「狠」，認為這樣才會獲利成功。只是這樣的價值，真的是我們做為人可以傳給子孫長久的東西嗎？

根本忠雄先生創業的鮒忠公司定今天為「燒鳥之日」。日本全國燒鳥聯絡協議會也共同響應實施。

加油、加油、前畑加油　十一日

一九三六年（昭和十一年）今天，日本的女子游泳選手前畑秀子（1914-1995），在柏林奧運女子兩百公尺蛙式游泳決賽中，最終領先德國本地出身的選手瑪爾塔．格嫩格（Martha Genenger, 1911-1995），贏得優勝。這是日本史上第一面由女子選手取得的奧運金牌。

前畑從小出生在和歌山縣一個賣豆腐的家庭裡，小時候在家裡附近的「紀之川」學會了游泳。還在讀尋常小學五年級時前畑就刷新了日本學童蛙泳五十公尺的學童紀錄，高等小學校時就獲得泛太平洋女子奧林匹克泳賽一百公尺優勝和兩百公尺準優勝。

原本高等小學畢業後，依當時的民間習慣前畑就要停止學業和游泳，回家幫忙家裡的豆腐生意。後來關注她有游泳天賦的學校校長跑去遊說他的雙親，希望可以讓她繼續學業和游泳，接著並獲得名古屋椙山女子學園的園長、尾張藩士椙山正弌先生的推薦，進入了椙山女子學園，繼續發揮游泳天賦。椙山不但提供給她學校宿舍住宿，學校還蓋了新的游泳池全面支持她。

一九三一年（昭和六年）前畑二十歲時，她的父母親相繼在同一年裡因腦溢血過世。五年後前畑拿到日本史上第一面奧運女子金牌，非常可惜的是她的雙親已無法和她一起分享這份榮耀和快樂。

一九三二年洛杉磯奧運，前畑在女子蛙泳兩百公尺比賽中取得銀牌，和來自澳洲的金牌選手只差了0.1秒。奧運奪銀後，前畑原本考慮賽後即引退，但當時正為爭取一九四〇奧運在東京舉辦的東京市長永田次郎，在祝賀會上流著淚對前畑說「為什麼妳不再爭取拿金牌呢？就只差0.1秒不是嗎？實在很令人懊喪遺憾」後，在大家的期待下前畑終於決定繼續她的「現役」生涯。

在一天游兩萬公尺的反覆努力練習下，一九三三年九月三十日，前畑女士刷新女子兩百公尺蛙泳世界紀錄。三年後，一九三六年，她在柏林奧運以一秒之差領先德國選手格嫩格，取得兩百公尺女子蛙泳奧運金牌。

這場比賽讓日本人記憶深刻的，是當天日本午夜NHK河西三省播報員透過廣播向全日本聽眾進行的現場比賽播報。

據載河西當時不知是不是因為奧運播報工作疲勞的累積，還是受到這場兩雌淒美對決比賽氛圍的影響，竟一改平常的冷靜態度，進行了以下狂熱的吶吼播報：

「前畑！前畑加油！加油！加油啊！格嫩格也出場了。格嫩格也出現了。加油！加油！加油啊！加油啊！加油啊！加油啊！加油啊！加油啊！前畑、前畑領先！前畑領先！前畑正領先著。前畑領先、前畑加油啊！前畑加油啊！領先、領先、剩五公尺、剩五公尺、剩四公尺、剩四公尺、三公尺、二公尺。啊、前畑領先、贏了！贏了！贏了！贏了！贏了！贏了！前畑贏了！贏了！贏了！贏了！贏了！贏了！前畑贏了！前畑贏了！前畑贏了！前畑贏得勝利了！前畑贏了！前畑贏了！前畑優勝、前畑贏得優勝！」

這段收音機播報，在當日午夜撼動全日本國人人心。連隔天《讀賣新聞》早報都激讚地說，真是「讓所有日本人停止呼吸的殺人放送播報」。

據統計河西在這次實況播報中，一共喊了三十八次「前畑加油」，讓日本沸騰。河西後來回憶說，因為「在播報席旁邊的日本撐竿跳選手西田修平和大江季雄等人在喊加油，所以我也跟著一起喊加油加油啊……」。

那場比賽中德國選手格嫩格實際上只比前畑慢了0.6秒，以三分四秒二的女子兩百公尺蛙泳成績取得銀牌。一九七七年前畑和格嫩格在柏林重逢，兩人久別重逢互相擁抱，並一起游了五十公尺。當晚前畑還留宿於格嫩格自宅。那時她們兩人都已六十多歲了。

一九九五年二月前畑辭世，五個月後格嫩格也以高齡八十四歲辭世。二位女士做為運動家的精神和友誼，都是人類史和奧運史上美麗與動人的故事。

北之旅人的函館夜景　十三日

從函館山看函館市的夜景、從六甲山掬星台看神戶市和阪神地區夜景、從稻佐山看長崎市夜景，這三個夜景被稱為「日本三大夜景」。其中北海道的函館夜景和香港夜景、義大利那不勒斯夜景被並稱為「世界三大夜景」。

一九九一年（平成三年）的時候，因為一位函館出身的大學生的投書建議，函館青年會議所和觀光協會開始著手成立了「函館夜景之日實行委員會」。最終定了每年今天為「函館夜景之日」。選擇八月十三日的主要原因，是因為取日文「夜景」的音讀：ya kei，和「八」的日文訓讀發音「ya」以及撲克牌十三點「K」相同，便於記憶。

函館夜景常常被稱為「價值百萬美元的夜景」。我一開始以為這是函館夜景無價性與珍貴性的「浪漫讚美」，後來才知道這其實是來自「務實算計」。

「百萬美元夜景」這樣的形容文字，最早其實是在說從六甲山看到的神戶夜景。說一九五三年（昭和二十八年）的時候，有某家電力公司的副社長某天登六甲山看神戶夜景時，他查算了一下眼前的神戶夜景中的電燈數量，應該一共有約四百九十六萬盞。如此，一個月的電費用當時的匯率算的話正好差不多要一百萬美元的電費，所以說出神戶夜景是「百萬美元夜景」。後來這樣的形容詞也就被移轉到同樣夜間燈火無數的函館夜景。

一般我們稱的函館夜景是指從標高三百三十四公尺的函館山山頂俯瞰函館市的萬家燈火夜景。但是其實函館本地人還有另一個私房建議的夜景：七星夜景（七つ星夜景）。這個夜景的視野正好和函館夜景的出發視點是相對的，是從位在函館市街北側的城岱牧場望函館山與大野平野，所以又被稱為「函館裡夜景」。

說到函館、北海道，除了夜景和寒冷的北國印象之外，常常會令我不自覺連結起香菸、威士忌和石原裕次郎。

石原裕次郎的名曲〈北之旅人〉三段歌詞裡，各自寫下主人公在北國的釧路、函館、小樽所留下的戀痕記憶。真的非常有味道、好聽。

在老酒館裡，聽到了妳的消息。
窗外正交雜吹著冷冷秋風。
聽說半年前你曾在這酒館裡
哭泣不斷　酒不斷　淚眼不斷
妳細細的身影　後來去了哪裡了呢？
夜裡的函館　霧起得使人躊躇痛苦。

石原裕次郎歌聲，真的非常好聽。特別在對北國的思緒與想念中。

刺身　十五日

現在多數台灣人都知道日本料理店裡菜單上的「刺身」指的是生魚片，有的菜單上也會用「お造り」、「造り」來代表。但是為什麼生魚片在日文漢字上要用「刺身」來表示呢？

據載在日本的文獻裡，目前發現最早出現「刺身」兩字，是在室町時代外記局官人中原康富的日記《康富記》裡所載。中原在文安五年（一四四八年）八月十五日的記事裡寫道「如果是鯛魚的話，就把鯛魚的鰭刺入切下的鯛魚肉塊，這樣就能看出那是鯛魚。」（鯛なら鯛とわかるやうにその魚のひれを刺しておくので刺身、つまり"さしみなます"の名の起こり）

刺身這名字由來，是過去為了要使人一看就了解切下來的肉塊（切り身）是何種魚類，所以把那隻魚的魚鰭或魚鰓刺入肉塊上以利識別。所以刺身就是「刺有魚鰭或魚鰓的生魚肉塊」，也演變成就是「切下的生魚肉塊」。

在日本超市買生魚片的時候，可以看見有一種是外觀標示「一点盛り」的單一魚種包裝，和外觀標示「盛り合わせ」的多種類合併包裝。常常有人說買單一魚種包裝的產品會比多種類混合的來的好，這是因為生鮮食品和加工食品的區別。

依日本的〈食品表示法〉，「一点盛り」的單一魚種包裝生魚片是屬於生鮮食品，「盛り合わせ」的多種類合併包裝生魚片則是屬於加工食品。對於生鮮食品，產品外觀上必須清楚標示魚的產地、養殖還是天然等內容。加工食品則不需要。

所以嚴格來說的話，「盛り合わせ」的多種類合併包裝生魚片，是何處捕獲的魚？是養殖還是天然？是解凍品還是非解凍品？因為是屬於「加工食品」的關係，所以上面這些情況各異的魚即使混在一起販售也被允許。這樣比較起來，在超市裡買必須詳細標示的「一点盛り」「生鮮食品」生魚片，品質較優的可能性確實比較高。

順道一提的是，鮪魚的赤肉和大腹、中腹一起包裝販售，因為是同一種類魚種，所以仍屬於生鮮食品。魚和其他禽肉、野菜一起販售的火鍋組，則屬於加工食品。煮過的章魚和加熱過的蝦子屬於加工食品。竹莢魚切細拍鬆附一個醬油包賣，也是生鮮食品。

簡單說，單一種類、未加熱，基本上都是屬於生鮮食品。生鮮食品的資訊公開要求更嚴，所以品質在理論上是更有保障的。

到了現在，魚介類以外也有許多食品也有被稱「刺身」的。比如香菇刺身、蒟蒻刺身、豆皮刺身、馬刺身、牛刺身、雞刺身等。這些食物以前江戶時代原則上都是經過燒、煮加熱調理的食物，現在則也可被如同魚介類刺身一樣，切得美美的然後直接生食與冷食，所以也被冠上了「刺身」二字。

依據上面室町時代《康富記》裡，八月十五日記事記載了刺身的源由，在日本許多人稱今日為「刺身之日」。

祖靈們在遠遠靜謐的火光中歸去　十六日

京都四大祭典：葵祭、時代祭、祇園祭、五山送火。

每年「擬舊曆」（不採新曆但也不是全照舊曆，而是比新曆晚一個月）的盂蘭盆法會祭祖期間，八月十三日民間各家戶傍晚起會點「盆迎火」，為祖先點亮回家訪親的燈。八月十六日則要燃「盆送火」，照亮祖先回冥界的路途。

京都市八月十六日晚上盆地各山頭的五山送火，就是用山頭明亮的火光，為祖靈們導引回往冥界之路，讓祖靈們圓滿無念的順利返回冥界。

這是一場在京都盛夏的頂峰裡所進行的一場全京一體的法要行事。

晚上八點。東山如意岳的的「大」字先點火。再來八點五分北邊松崎的西山與東山的「妙」、「法」兩字同時點火。接著八點十分西賀茂船山的「舟形圖」點火。八點十五分，西邊的左「大」文字點火。八點二十分嵯峨曼荼羅山「鳥居形圖」點火。

原本黑鬱鬱的山頭，慢慢點亮了一盞盞搖曳的火光。

遠遠山頭的火光，因為遠而顯得小。因為遠而顯得靜。靜得聽不到火聲。

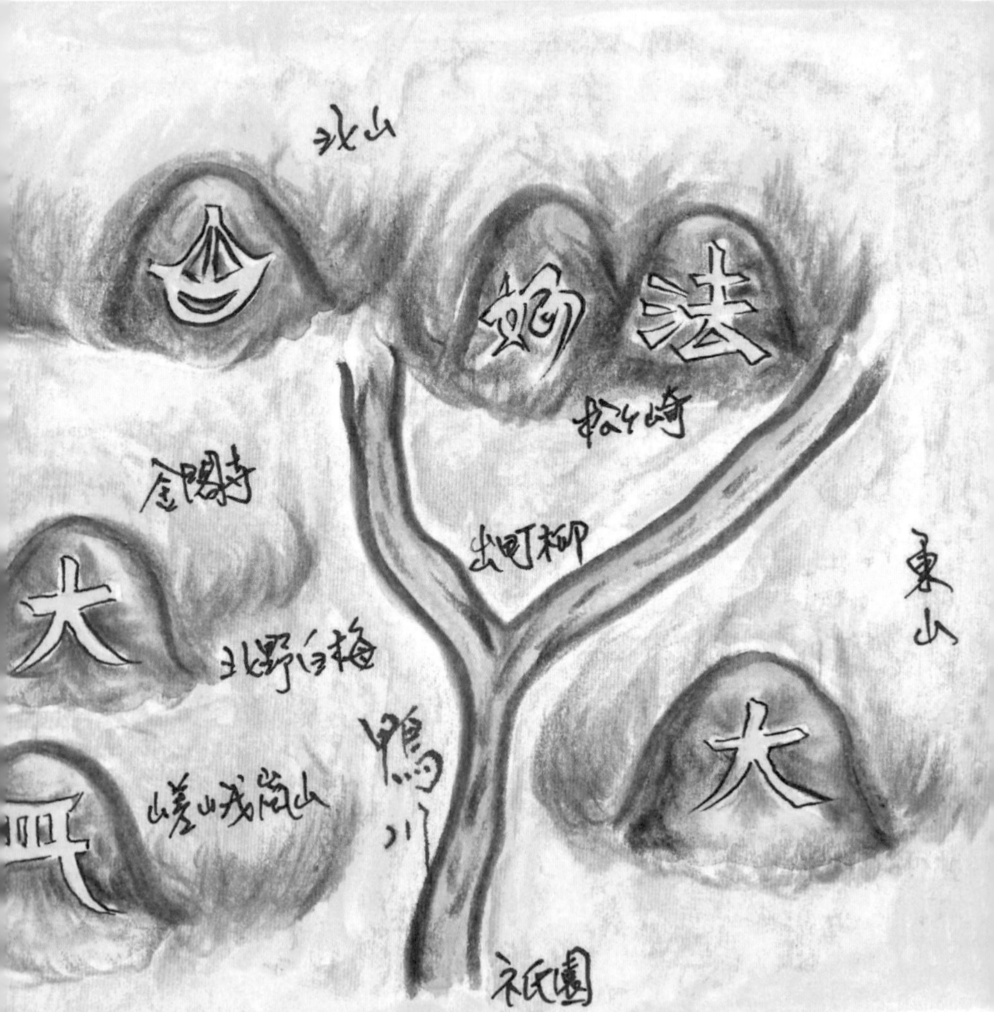

京都五山送り火

Logan.

祖靈們就在這樣遠遠靜靜的火光中，靜靜的，回去了。

五山送火結束時，那一年的京都夏天，也就要開始慢慢、徐徐的下山了。

歷史殿堂裡的野球人 十七日

日本有一位中馬庚（1870-1932）。他在一九七〇年（昭和四十五年）時，被以「特別表彰」之形式進入日本「野球殿堂」（同美國棒球名人堂）。在野球殿堂博物館裡，中馬庚的肖像下方 relief 是這樣寫的：

明治二十七年時最初把 baseball 翻譯為「野球」之人。另在明治三十年著成了野球研究書《野球》。這是以單行本出版發行的日本第一本專門書籍，被稱為日本野球界的歷史性文獻。第一高等中學校時期是一名著名的二壘手，進大學後以教練、監督身分指導後進學弟。被稱為明治時代培育萌芽期學生野球之父。

中馬庚在一八九三年（明治二十六年）一高畢業時受託寫《一高 baseball 部史》

的時候，一開始曾把 baseball 翻譯為「底球」，但是底球的日文發音容易和庭球（網球）相混，必須再想想新的翻譯詞。到了執筆快完成時的一八九四年秋天，他認為，baseball 就是 Ball in the field（在原野裡的球），所以把 baseball 翻譯、命名為「野球」。

一八九七年（明治三十年）五月，中馬庚出版了野球專門書《野球》，這是把野球做為 baseball 的翻譯詞的民間用語初登場。但是被日本雜誌、報紙普遍認知使用則是五年以後的事了。

一九三六年（昭和十一年）全日本職業野球聯盟登場，日本職棒誕生。當時的隊伍一共有東京巨人隊（現在的讀賣巨人）、大阪虎隊（現在的阪神虎）、阪急隊（現在的歐力士野牛）、名古屋隊（現在的中日龍）、東京セネタース隊、大東京隊、名古屋金鯱隊等七隊。當時這七隊裡「契約選手第一號」是已和東京巨人隊簽約的三原脩（1911-1984），一個月薪水一百七十七圓日幣。當時大學畢業初任的薪水行情是六十四圓日幣，所以可說是很高薪的。

一九四八年（昭和二十三年）今天，日本首次的夜間職棒比賽在「橫濱ゲーリッグ（Gehrig）球場」舉行。兩隊是東京巨人隊和中日龍隊。值得一提的是，因為著名的美國職棒洋基隊全壘打王貝比魯斯（1895-1948）在當天於紐約因癌症病逝，所以此場日本首次職棒夜間比賽前，全體參賽球員與觀眾特別起立為貝比魯斯進行了默禱。

寫到上面的「橫濱ゲーリッグ球場」，必須順道一提美國職棒洋基隊為他永遠保留四號球衣番號、活躍於一九二〇到三〇年代、被稱為「史上最佳一壘手」的亨利・路易士・蓋瑞格（Heinrich Ludwig Gehrig, 1903-1941）。戰後一九四五年美軍接管了橫濱公園球場，並用一九四一年剛過世的蓋瑞格名字將球場名稱改命名為「橫濱ゲーリッグ球場」。

一九三四年（昭和九年）貝比魯斯和蓋瑞格協同全美全明星的明星球員來到日本參加讀賣新聞社主辦的日美野球比賽。在一場由日本強投澤村榮治的主投中，美國隊幾乎就要被澤村完封時，多虧蓋瑞格打出了一支陽春全壘打才拯救了美國隊。澤村榮治在對全美明星隊的比賽中的「四連續奪三振」也成了永遠不滅的傳說。

一九四一年蓋瑞格以三十七歲英年病逝。一九四八年貝比魯斯五十三歲病逝。一九四四年澤村榮治所搭的運輸艦在九州屋久島西方的東海海域被美軍潛艇擊沉，戰歿，享年二十七歲。他們的人生歲月看似都不長，但他們在人類棒球史上留下的輝煌與故事，至今仍在發光與被傳頌著。

美味的咖哩飯

十九日

當兵回來後去日本念書前，我曾經在台北南京東路一間國際法律事務所學習和服務過三年半左右的時間。事務所是一間員工二百多人的大所，客戶應該有八成以上都是日商企業客戶。創辦人林敏生律師和我父親同年，都是一九三四年出生，二戰終戰前他們一直到國小三、四年級都還是受日本教育。

我印象很深的是，員工尾牙以外，當時每一年過年，所長都會邀一些事務所主管和法律部同仁到他們家吃飯。每年到所長家吃飯好像都有一個慣例，就是吃的餐都是所長家準備的咖哩飯配菜頭排骨湯，非常簡單但好吃。

我印象裡，我父親也喜歡吃咖哩飯。咖哩飯應該是他們那一輩台灣人年輕的時候當上班族可以吃到的非常美味與珍貴的食物。我以前曾經也和我太太特地跑去七堵吃一家開了六十多年的咖哩麵店，另外台北的台式口味老牛肉麵店「金春發」裡也有賣顏色金黃的咖哩牛肉炒麵。可以想像咖哩飯和咖哩麵應該都是早期台灣人和日本人都很愛的食物吧！

日本人喜歡吃咖哩飯，可以說是「國民飲食」。咖哩的原鄉雖然是在印度，但是日本的咖哩飯則是英國人先把咖哩從印度帶回英國後，再由英國傳去日本。

原本印度的咖哩是湯狀的，和米或餅搭配著吃。但是咖哩到了英國後則加入小麥粉變成稠狀的料理食物。據載主要的原因是當時的英國海軍在艦上也提供咖哩，但是原本是湯狀的印度咖哩料理，在搖晃的海上軍艦裡容易溢出、濺出，所以英國人就把咖哩加入小麥粉勾芡成為糊狀，這樣一來在軍艦上就比較方便食用了。殖民統治後由印度傳來的米，再加上稠狀勾芡化的咖哩，咖哩飯料理就在英國誕生了。傳至日本則是江戶末期的時候了。

咖哩飯在日本一開始廣傳的原因，據載是因為非常適合作為軍隊伙食並且受到歡迎。當時軍隊吃的都是英式的濃稠狀咖哩，在戰地學會了咖哩飯料理的兵士們回鄉後，又把這種料理在民間家庭中推廣開來。但是隨著太平洋戰爭爆發，物資短缺、香料進口中斷、物資管制，在二戰時期則除了軍用之外，一般日本民間則禁止咖哩的製作與販售。

一直到了戰後，物資供應慢慢回復，中小學的學童們也才慢慢開始重新展開笑顏地吃起咖哩飯。

日本最初出現介紹「咖哩」這一名詞的書，是一八六〇年（萬延元年）所出版由福澤諭吉所寫的《增訂華英通語》一書。一九二七年（昭和二年），東京新宿中村屋的喫茶部開業時，純印度式咖哩飯一份要八十錢日幣，是當時一般大眾食堂裡咖哩飯價格的十倍。但是即使價格這麼高，當時打著「純正印度咖哩」口味的招牌，一天據載也可賣出三百份。

一九六八年（昭和四十三年）日本大塚食品公司應用了關係企業大塚製藥公司的加壓加熱殺菌技術，在阪神地區限定販賣了全世界首發的軟帶包裝咖哩。一開始採用的半透明軟袋包裝咖哩賞味期限只有短短數個月，開發採用鋁箔包裝後則又大大延長了產品的賞味期限。終於在一九六九年起在全日本各地販售。

現在日常在家要煮咖哩已非常方便，超市買的日本帶有水果風味的盒裝咖哩塊在煮食上非常方便。小時候我母親常說，洋蔥、馬鈴薯、胡蘿蔔這三種生長在土地裡的食物富含營養要多吃，這三種食材也正是煮咖哩時與肉品一起燉煮的最好伙伴。煮給自己吃、老婆小孩吃、孫子孫女吃，都很棒！

本社在大阪市西淀川的江崎グリコ公司，定今天為「熟咖哩之日」。

上山英一郎的金鳥牌捕蚊線香　二十日

今天在日本叫「蚊子之日」。

一八九七年（明治三十年）今天，英國細菌學者羅納德．羅斯（Ronald Ross）從「羽斑蚊」類蚊子的胃中發現了導致瘧疾的原蟲。隔年他又從利用鳥來做的吸血感染實驗中，明確了「羽斑蚊」是傳染瘧疾的媒介。一九〇二年（明治三十五年）羅斯就因此功績獲得了諾貝爾生理醫學獎。

日文裡「囉唆」、「煩人」唸起來發音叫「URUSAI」，寫起來漢字則是「五月蠅」。

五月蒼蠅確實煩人，但是夏天裡的蚊子不只煩人有時也會傷人。「捕蚊線香」（蚊取り線香）是原生於日本的產物，夏天裡點渦卷型的金鳥牌線香，也是現今很多台灣人孩童時代的回憶。

捕蚊線香最早問世發賣是在一八九〇年（明治二十三年）的時候，當時形狀不是渦卷型的，而是和佛壇線香一樣是直直的一根棒狀。這種線香之所以可以捕蚊，是因為它的原料裡面含有除蟲菊成分。除蟲菊裡的除蟲菊素經過加熱氣化後散布在空氣中，具有驅除飛蚊的功效。

我們現在看渦卷狀線香可能沒什麼特別感覺，但其實在它商品化之前，還是經過了一段歲月時間的努力。

最早發明捕蚊線香的人是以「金鳥」商標聞名的大日本除蟲菊株式會社的創業

者上山英一郎（1862-1943）。上山一郎最早生產的捕蚊線香產品是棒狀的，一根二十公分的線香大約只能燒四十分鐘。除了容易折斷外，燃燒中如果傾倒了也容易發生危險。

一八九五年（明治二十八年）某天，上山的太太阿雪女士偶然間看到了一尾靜靜盤蜷在地上的蛇，後來就根據這個蛇的「盤形」靈感，開始開發渦卷型線香。

一開始開發這個渦卷線香時並不是那麼順利，因為渦卷型線香必須手作，費工且耗時。後來雖然試著把原料灌入先做好的木製模具中讓它快速成型，但是如果原料沒有乾的話就無法從木模中取出線香。如此一來就需要大量的木模，在成本上也不划算，只能再想其他方法。就在這樣不斷的試行錯誤後，終於想出用兩根線香捲出渦卷狀的方法，而製造出了現在的渦卷型線香。

各位下次看一下我們買的蚊香，基本上它都是一層兩根香盤在一起，使用時再分離抽隔取出。這一個小小的作法，在最早沒有機械化自動製造的時代（一九五五年之前），

可是先人經過了多次試行錯誤才產生的結晶。

在阿雪女士看到了蛇盤蜷後經過了七年，一九〇二年（明治三十五年）渦卷型蚊香終於開始販賣。這種線香長度有六十公分，燃燒時間可以有六個小時。當時兩根柔軟的棒狀線香透過熟練的職人之手可以在數秒後做出一個渦卷型線香。現在透過機械來製造，速度與生產量都已非昔日之景，產品燃燒的有效時間也可以達到持續七個小時，正好差不多一晚的睡眠時間。

上山英一郎，一八六二年（文久二年）出生於一個種柑橘的農家。上山家在日本是有名的蜜柑農家，生產的蜜柑被稱為「紀州山勘蜜柑」。上山在十六歲時上京求學，曾向英國人學外語，並在慶應義塾接受教育。但是後來因病輟學，等到病癒後想再上京求學，但是遭家人反對，最後決意轉往產業界。

一八八五年在舊金山有一位經營植物販賣與輸入公司的負責人，拿了福澤諭吉的介紹信到上山的農家拜訪他，希望取得日本珍貴的植物品種。上山給了他竹、棕櫚、秋菊等，他則回贈上山除蟲菊的種子。

隔年一八八六年起上山先生開始研究除蟲菊種子的栽培，為這個品種的普及努力。一八八七年栽培除蟲菊成功的上山先生，開始在日本全國各地演講。一八九〇年從佛壇線香取得靈感，開始販售棒狀捕蚊線香。一八九五年來自妻子阿雪女士的靈感後開始改良，嘗試開發渦卷狀線香，其後於一九〇二年開始販售。一九一九年設立了「大日本除蟲菊株式會社」。

為了稱頌上山先生遺德，在廣島縣尾道市向島町名鄉丸的亀森八幡神社境內有一個除蟲菊神社，所供奉的祀神正是上山英一郎。

電車 青春十八 二十二日

一九〇三年（明治三十六年）今天，東京都電車鐵道（現在的「東京都電車」，簡稱「都電」）開始了路面電車的營業，首次營運的路線為新橋往返品川。這是東京首次的路面電車營業通車。

日本最早出現路面電車行走是在一八九〇年（明治二十三年）五月四日於上野公園舉行的第三屆內國勸業博覽會會場內。最初有路面電車在一般道路上行走，則是一八九五年（明治二十八年）二月一日開業的京都電氣鐵道，路線為鹽小路東洞院往返伏見京橋之間。

東京都電的路面電車有一個暱稱叫「叮噹電車」（チンチン電車）。之所以取這個暱稱，有三種說法。一是車內車掌和司機聯絡時，會用叮噹的鈴聲。二是電車行駛中如果前面有人或車輛而需要發出危險警告時，會發出叮噹的警笛聲。三是東京路面電車發表時，在發表活動中是在叮噹的鈴聲中登場。這三個理由似乎都言之成理、可信。

路面電車在日本是適用《軌道法》。依據日本《軌道法》規定，路面電車最高時速不可以超過四十公里，平均時速不可以超過三十公里。另外，路面電車行走的路線上多鋪有砂石礫，主要是因為石頭和石頭之間的間隙可以吸音，減少對周邊建物產生震動影響，也有助於雨天排水和防止野草生長。

現在日本一些城市裡仍有路面電車，路面電車常常也是旅行者要輕鬆自在的在城市裡旅行時，最好的交通觀光工具。在一些城市裡，路面電車特別保留了昭和時代的老電車氛圍，讓旅人進行城市旅行時也有時光旅行的回顧感。

ＪＲ有賣一種車票叫「青春十八」。「青春十八」不是少年人才可以買、可以用。購買上是沒有年齡限制的。原則上只能搭ＪＲ的普通車和快速列車的普通自由席。一張票在利用期間內可以使用五天，日期間隔使用也可以。一天使用次數是五次，也可以五個人一天內一起同時用掉當天回數。根據發行當時的日本國鐵旅運局長須田寬說，取這個名字主要是用青少年、學生青春的形象、印象（image），並在象徵學生青春的十多歲年齡中，用了象徵「綿長與擴展」的「八」字。日本國鐵分割民營化後，JR東日本在一九九四年（平成六年）時，把「青春十八」進行了商標登錄。

現在台灣南北已經是高鐵一日生活圈。從台北到高雄，打一個瞌睡、吃一個便當、喝一杯咖啡，就到了。有時回想起三、四十年前，還是中學生的時候，和同學一起跳上慢吞吞的台鐵普通車，一路晃到高雄要八個小時的日子，也是令人有另一份深刻想念。去年冬天我有時因為公務會去屏東，從台北搭高鐵到左營後，我會再接三十分鐘左右車程的自強號到屏東。那班中午十二點三十五分的自強號是從左營要到台東，我常常有時心裡想，真想就繼續這樣一個人慢慢搭著車循著南迴鐵路去台東。慢慢的看車窗外的景色，靜靜的聽車廂晃動的聲音，靜靜的聽時光的聲音。

記憶中的土產店裡修學旅行木刀

二十三日

西元一八六八年（慶應四年）至一八六九年（明治二年），日本發生明治新政府軍與會津藩、桑明藩、奧羽越列藩同盟等代表江戶幕府勢力間的戊辰戰爭。

戊辰戰爭中，東北的會津藩軍，依照年齡分有白虎、朱雀、青龍、玄武四個部隊。其中最年少的白虎隊是由十六至十七歲的少年所編成。他們也實際參加戰鬥，在越後戰爭、會津戰爭中與官軍進行死鬪。

一八六八年舊曆今天，與官軍戰鬥後退守至若松城外飯盛山上的白虎隊士中二番隊員們，因望見城下町冒起煙火而以為若松城已經陷落，於是二十位少年隊員全員在飯盛山上舉刀自刃。

現在的小孩家庭寒暑假旅行或學校旅行常常有機會到國外旅遊，但是我記得我小時候家庭及學校旅行都是在國內。印象裡國內旅行時常常有許多土產店，土產店裡除了賣吃的土產外，還常常有賣小孩子們很喜歡的木刀、木劍。日本許多旅遊地區的土產店裡也有賣少年們很喜歡的木刀，學生們在修學旅行時也常常愛買一把木刀當成紀念品帶回家玩。

讓日本全國土產店裡廣為流行販賣木刀的人，正是出身於以白虎隊少年聞名的福島縣會津若松市的高橋信男（1946-）。

時間要回到一九七二年（昭和四十七年）日本正處於高度經濟成長期的時候。那時候是一個常常做什麼就可以賣出什麼的日本景氣良好時代。當時高中畢業的高橋信男一開始開了一家複寫藍圖、設計圖的公司，但是因為營業能力不好，沒多久公司就倒掉了。但是他不灰心，下決心要鍛鍊好自己的營業本事，於是到東京去當營業推銷員。

在一次回鄉探親中，高橋突然看到了家鄉土產店裡賣的木刀，木刀上因為有印著故鄉會津有名的「白虎隊」三個字而成為土產店內人氣商品。他於是想這個白虎刀應該可以進行全國性的販售。在那個還沒有網路的時代，高橋就拿著電話本（像我們中華電信黃頁）一個個查各地土產店和經銷商，然後親自一個個去全國各地的店家推銷。

憑著磨出來的營業能力和生意腦袋，高橋把木刀上的文字，從「白虎刀」再依各地名勝改為「淺草雷門」、「名古屋城」、「金刀比羅」、「太宰府」、「奈良刀」、

「京都守護刀」等。在日光、淺草、小田原、京都、廣島、高知、福岡等全國修學旅行名地的土產店，甚至劍道全國大會舉行地的武道館裡進行木刀的紀念品販售。結果生意大好。最初高橋是向製造商買入販售，後來則由自己公司來製作販售。全盛時期一年可以賣出十六萬把木刀的營業額。近幾年市場上土產店木刀很多是由中國輸入的製品，但是過去幾乎全是由高橋所開設的會津若松市高橋產業，獨占日本全國的土產店木刀銷售分配。

據現在的負責人，高橋信男的兒子高橋通仁表示，木刀販售雖然曾經生意好到沒有貨可以賣，但是這幾年一來因為少子化，二來小孩玩的東西喜好改變，木刀的販賣量也確實呈現大幅消退。現在高橋產業一年賣出的木刀大約三萬四千把，只有全盛時期營業額的五分之一。公司除了做木刀外，也必須靠其他諸如製作販售 Pizza 用木盤、牛排鐵盤下木盤、設計雜貨等相關木製品來營運維持。高橋通仁說「只靠利潤小的木刀販售來生存，公司會垮掉。因為還有木刀以外的商品販售，所以我們可以繼續來做木刀」。

因為新冠肺炎疫情的影響，春天的修學旅行都延期和中止，木刀的訂貨需求也一下子都中斷。但是秋天以後修學旅行又再開，訂貨需求又回到前一年的景況。另外受到電影《鬼滅之刃》所捲起的旋風影響，也帶來了不少商機和營業額。

「畢竟說到孩子們的遊戲，代表印象還是『千百樂』（日本電視、電影裡的古裝拿刀武鬥場面）。木刀是孩子們的寶物」。高橋信男先生浮出笑容地說著。

我想到承平時代的少年們可以拿著木刀遊戲或練武，一百多年前的白虎少年們卻以刀自決殉主、殉家園，還是不免感嘆唏噓。

Light up、石井幹子　二十六日

一九九三年（平成五年）今天，東日本最大的吊橋：東京 Rainbow bridge 開通啟用。

「Rainbow bridge」這個非正式的暱稱，當初是透過公開徵詢公眾意見而來，意思是「虹之橋」。它的正式名稱則是「東京港連絡橋」。

這座橋全長七百九十八公尺、寬四十九公尺，主塔塔高一百二十六公尺，離水面高五十公尺。上層是付費道路的首都高速公路十一號台場線，下層則是不收費的臨港道路、行遊步道與海鷗電車所走的新交通臨海線等二層構造。每天日落後橋身會進行 light up，遇到像開通啟用二十週年等記念日時，則會進行彩虹色的特別 light up。

去東京旅行的時候，夜晚打了燈的東京車站站體、淺草寺、六本木大樓、彩虹橋等建築，幫東京的夜晚上了許多顏色與風情。而上面這些 light up 傑作，其實都來自一位女性。

這位女士的名字叫石井幹子（1938-），她是日本最初的燈光照明設計師。石井從東京藝術大學美術學部圖案計劃科畢業後，一開始在設計公司從事照明器具的設計。一九六五年至六七年期間她前往芬蘭與德國，並在那裡的照明設計事務所擔任助手與學習，回國後於一九六八年成立了石井幹子設計事務所。一九七〇年的大阪萬國博覽會、七五年的沖繩國際海洋博覽會等會場的照明設計均是出自於石井之手。

受到當時七〇年代石油危機衝擊的影響，照明設計工作也曾遭遇到在日本國內被認為是電力浪費而不景氣的時候。然而另一方面日裔美籍建築設計師山崎實（1912-1986，紐約世貿中心設計者）在日本的建築雜誌上看到她的作品後鼓勵她「即使在日本沒有工作，在地球上的其他地方應該也會有」，於是她也開始了海外的設計工作。

一九七九年國際照明委員會京都大會要召開前，那時從京都塔望出去的京都街道夜景，除了看得到沿街的街燈和柏青哥店的霓虹燈外，市內各地名勝地區幾乎都是黑濛濛的一片。為了不希望讓來自世界各地的照明設計關係工作者看到這樣粗糙的都市夜景，石井也曾向當時的京都市公所反應，但是市公所的承辦人員完全無法回應她的訴求。這使得她決定投入私財，從一九八〇年代起，在全日本巡迴鼓吹與說明城市照明的必要性。

筑波萬國博覽會、橫濱市 light up 嘉年華、淡路花博等祭典的點燈，大阪市、函館市、姬路市、倉敷市、北九州市、白川鄉合掌集落等都市空間的 light up，都陸續在她手上成功完成。她可以說是最早把都市、建築物進行 light up 概念帶入日本之人。

除了日本國內熟悉的讀賣樂園點燈、惠比壽花園廣場塔點燈、橫濱海灣大橋點燈、明石海峽大橋點燈、大阪城點燈、姬路城點燈等例不勝枚舉外，法國艾非爾鐵塔、匈牙利布達佩斯的伊莉莎白大橋、德國的布蘭登堡大門等建物都曾經被她親手照亮。

石井曾經設計的照明案至今已有兩千件以上，她不僅活躍於日本國內也活躍於世界各國。獲得的獎項從日本照明賞、東京都文化賞、紫綬褒章等不勝逐列，可以說是日本燈光照明設計之第一人。

在她迷人的燈光設計裡，也潛藏著許多精心的手腕。比如東京銀座歌舞伎座二〇一三年外觀要翻新登場時，石井女士設計了該案的照明。在這個案子裡就隱藏無法僅靠一次觀賞就能察覺得出的細膩照明設計手腕。

在這個案子裡，打在建物上的白色是隨著三百六十五天有所不同的。夏天的時候是讓人有涼爽感的青白，冬天則是讓人有溫暖感的略略赤白，藉此在徐徐的變化中，表現著日本的四季。

最後順帶一提的是，石井的父親是柏林奧運足球日本代表隊的竹內悌三選手。她的先生也是優秀的法學者東大榮譽教授石井紫郎，女兒則是承其衣缽的燈光設計師石井明理。

來聽一曲「男人真命苦」的歌　二十七日

《男人真命苦》（男は辛いよ）系列電影是日本電影史上的傳奇電影。說傳奇，我覺得毋寧說它是很令人感覺溫暖與舒心的電影。在那個年代，對那個世代。

《男人真命苦》系列電影從一九六九年（昭和四十四年）今天開拍。其實在電影之前，一九六七至六八年它就已以電視劇的形式播出了二十六集。但是電視劇裡男主角（渥美清飾）最後結局竟然是在庵美大島被蛇咬死了，結果招致觀眾很大的抗議迴響。

一九六九年松竹映畫公司找來山田洋次導演與渥美清改拍成電影，這一拍拍了二十七年，四十八集，還登上金氏世界紀錄。期間觀看的觀眾人數據估超過八千萬人次，票房四百六十四億三千萬日幣。在那個年代，每次《男人真命苦》新一集電影上映的時間，基本上都是日本正月過年和八月大家返鄉歸省掃墓的盂蘭盆節期間。那好像一個儀式一樣，當闔家相聚的時候，就是適合去看渥美清先生的《男人真命苦》電影。

今天在看資料的時候，我又聽了幾遍、跟著唱了幾遍當時渥美清主唱的《男人真命苦》電影主題曲。真的，很有味道、很有感覺。尤其一開頭的前奏出來時，腦海裡馬上會出來昭和時代的風景天地畫面。電影每一集也正以日本各風景地為背景拍成。渥美清先生那個最吸引人的帶有童稚的成年大男孩滄桑腔，讓人一時會想感慨滄桑一下，但同時又有一種安定與信任的放鬆。

二〇〇三年的時候我在京都的書店買了一本作家江坂彰寫的書，叫《定年退休後微笑的人》（定年後に笑う人）。這本書裡面有一段提到，說為什麼日本人會這麼喜歡《男人真命苦》裡面的阿寅呢？江坂說，他個人覺得是在「漂泊」和「定住」

男はつらいよ
お帰り寅さん
「ただいま。
このひと言のために、旅に出る。」

兩個關鍵字。

江坂覺得電影裡面，如風飄蕩在全國各地旅行、做小生意維生的主人公阿寅的身影，正誘動著我們一般生活在受社會與家庭綁縛的對自由嚮往之心，誘動著我們嚮往那種可以在人生旅途中邂逅女神與自由飄蕩的生活。但是另一方面，阿寅也不是一個天涯孤獨的放浪者，他只要一回到在東京葛飾區柴又町的老家，永遠有一個他最愛的、相信他的妹妹小櫻等著他回家。那種感覺對觀眾而言，馬上又有一份安心感受。

隨性地過著漂泊的日子，該回家的時候又有一個定住的地方。一邊活在自由的夢裡，一邊又有現實的安定，這等於體現了日本人夢寐以求的理想生活方式。

這個漂泊和定住感，給了很多日本人可以棲身在這一系列電影裡的溫暖空間。

渥美清因為《男人真命苦》系列電影成為了日本家喻戶曉又喜愛的演員，過世以後日本政府還頒發了「國民榮譽賞」給他。但是在現實生活裡，其實在拍到第四十一集時他就已經罹患了肝癌，身體開始急遽走下坡，癌症後來又轉移到肺部。拍到第四十三集時，他的身體已經很不好，劇組要拍攝的時間也只能限定在早上九點到下午一點他體力比較好的時候。

後來他還跟山田洋次導演說，請劇組的同仁看到他時不要跟他打招呼問候，因為他已無法適當的回覆別人的打招呼，也無法對來旁觀拍戲的民眾打招呼。因為這樣，還有一些不知情民眾認為渥美清很不親切。

一九九六年八月渥美清過世。過世前原本松竹公司和山田洋次導演仍在和渥美清討論拍攝第四十九集《男人真命苦》電影。渥美清遺言交待家人「不要取戒名」、「臨終的時候只要家人在身邊」、「遺體火化之後再告知社會大眾」、「引起輿論關心騷動時由長男健太郎一人出來對應」。一個如此有名的藝人，走的時候只有家人送行，沒有長列的人群送殯、沒有大大的掛飾花環，就這樣悄悄的離開人世。完全就如《男人真命苦》裡阿寅又外出旅行的自由身影一般。

寫到這裡，忽然理解到為什麼其實許多日本一些知名人士，像我最喜愛的星野仙一監督、司馬遼太郎等人過世時都選擇了採取「密葬」、「僅舉行家人參加的告別式」。或像著名的京大國際政治學教授高坂正堯老師說的，他死時什麼榮顯、名譽表彰都不要，只希望以做為一位京都人的身分死去即足矣。畢竟，當人離世的時候，那一刻和名譽、地位、金錢都沒有關係。死亡的時候大家都是回到虛空裡去了。

一九六九年今天，渥美清主演的《男人真命苦》開拍。這一系列電影我個人覺得真的是看時會有溫暖和放鬆感的電影。主題曲也很好聽。如沒看過的，可以找一個舒服的天氣，舒服地看看。

英姿颯颯的凡爾賽玫瑰

二十九日

念小學的時候，那時候還在一九七〇年代。我記得當時我們課餘，大家除了看電視卡通以外也很喜歡看漫畫。那時候漫畫裡有一種叫「少女漫畫」。我個人印象裡，少女漫畫和一般漫畫的最大區別應該是漫畫家的「筆法」。少女漫畫裡的男女好像都要頭髮捲、眼睛大、下巴尖、衣服要華麗……

老實說，因為那個筆法，小時候我基本上並不太愛看少女漫畫。

但是有一本少女漫畫我很有印象，因為班上女同學間會互相傳著看、很愛看。那本就是日本漫畫家池田理代子畫的《凡爾賽玫瑰》。最早台灣出版時名字叫《玉女英豪》。

《凡爾賽玫瑰》初登場是在一九七二到七三年，於日本集英社的《瑪格麗特》（*Margaret*）漫畫週刊上連載。後來寶塚歌劇團把漫畫改編成舞台劇，結果非常成功。之後它又被改編成電視動畫、電影版動畫。

一九七四年（昭和四十九年）今天，寶塚歌劇團把《凡爾賽玫瑰》漫畫改編成舞台歌舞劇後初次演出。其實要進行這個改編演出前也不是一帆風順，還有漫畫迷擔心寶塚歌劇團無法詮釋好漫畫裡面的角色，或破壞了漫畫迷心中的角色形象，而寄恐嚇刀片給歌劇改編者企圖阻止演出。連寶塚歌劇團的大老闆阪急電鐵的高層也質疑用漫畫改編的劇本去給寶塚劇團演，會搞壞、降低寶塚歌劇團的形象與地位。不過這一切都還是被克服了。寶塚歌劇團的《凡爾賽玫瑰》後來還是堂堂登場了。

一九七四年登場後到一九七六年，寶塚《凡爾賽玫瑰》歌舞劇總共創下了一百四十萬人次觀眾紀錄。這時叫「昭和的凡爾賽玫瑰」。到了「平成的凡爾賽玫瑰」時期，約一九八九年，為了紀念寶塚歌劇團七十五週年及法國大革命兩百週年，《凡爾賽玫瑰》再次演出。到了二〇〇六年（平成十八年）一月九日，通算這部歌舞劇上演次數已超過一千五百次，二〇一四年六月二十七日時，通算觀眾人次已達五百萬，成為寶塚歌劇團史上最熱賣之作。

說到寶塚歌劇團（Takarazuka Revue Company），它是一個根據地設在兵庫縣寶塚市的歌劇團，隸屬於阪急電鐵的一個部門，由阪急電鐵直營，叫「阪急電鐵創遊事業本部歌劇事業部」。所以歌劇團成員全部都是阪急電鐵公司的正式從業人員。一九一四年（大正三年）首次公演以來，寶塚歌劇團團員全部僅由未婚的女性組成。團內分有花、月、雪、星、宙等五組，每組內又再依專科來劃分。

在養成「寶塚淑女」（タカラジェンヌ）的寶塚音樂學校裡，少女們必須學習舞蹈、唱歌、戲劇等教育課程，另外比較特別的是她們課程裡還有參加自衛隊訓練的教育課程，被作為新生入學的「新生訓練」的一環，過去每年都是在學校附近的自衛隊伊丹駐屯地（兵庫縣伊丹市）的體育館內進行。在那裡新生們必須學習自衛隊的基本動作與行進等訓練，然後在開學入學式時，由新入生們展現出全體同心的入場姿儀。但是據載，該課程近年已不在自衛隊伊丹駐屯地進行，而是由自衛隊教官蒞校進行訓練與指導。防衛省自衛隊的網頁上也曾記載著自一九八八年（昭和六十三年）起，寶塚學校的新入學生們每年會到伊丹駐屯地接受自衛隊體驗訓練的教育。

自尊努力，傳承使命，是百年寶塚歌劇團給我的感受。

九月

September

竹久夢二　一日

今天是明治與昭和時代前期的畫家、詩人竹久夢二（1884-1934）忌日。

竹久夢二本名竹久茂次郎，他出生在岡山縣邑久郡本庄村（現岡山縣瀨戶內市邑久町本庄）裡一個代代從事製酒業的家庭。夢二出生的時候是排行家中的次男，但是因為哥哥在他出生前一年就過世了，所以他從小是被當成長男來撫育。

年齡及長，夢二也前往東京求學，在早稻田實業學校學習。但是因為他已有志於繪畫，所以一九〇五年（明治三十八年）二十一歲的時候就向學校辦理了中途退學。離開學校後，夢二一開始是透過友人荒畑寒村介紹，為平民社所發行的機關誌《直言》雜誌畫插畫。並陸續在日刊《平民新聞》與《中

學世界》等書報雜誌裡發表插畫與詩。

夢二的美人畫極其有名。他的美人畫裡的女性們，眼睛大大、睫毛長長、身形風韻纖細、表情多朦朧慵慵慵樣。這樣獨特的美感與筆法下所生的美人圖，在當時和後世被稱為「夢二式」美人畫。他寫的抒情詩也頗受歡迎，其中最有名的比如像〈宵待草〉。〈宵待草〉後來還被譜曲，成為一首大眾流行歌曲，受到許多日本國民的喜愛與傳唱。

夢二的這些作品在那個年代吸引了許許多多大正時期前後的年輕人們。他除了寫詩、繪圖外，他的作品也應用在許多廣宣物品、書籍裝幀、日用雜貨甚至經手浴衣的設計。竹久夢二也可以說是日本近代美術印刷設計的先驅者之一。

一九三四年（昭和九年）九月一日，夢二因為結核病在長野縣諏訪郡落合村（現長野縣諏訪郡富士見町落合）的一家診療所內過世。得年四十九歲。臨終前最後留下的話語是「ありがとう」（謝謝）。夢二的墓地現在東京都豊島區南池袋的「雑司之谷靈園」（雑司ヶ谷霊園）。

夢二所留下的繪畫作品有諸如《夢二畫集 春の巻》（一九〇九年）、《夢二畫集夏の巻》（一九一〇年）、《長崎十二景》（一九二〇年）、《女十題》（一九二一年），另有詩歌集《どんたく》（一九一三年）等作品。

日本各地有許多收藏夢二作品的美術館，比如在岡山市中區的夢二鄉土美術館本館以及位於他出身地瀨戶內市的別館。夢二曾經旅行過的群馬縣涉川市裡設有竹久夢二伊香保紀念館，在石川縣金澤市裡也有金澤湯涌夢二館。

但是竹久夢二除了繪畫和詩文之外，還有令許多男人喟嘆欣羨的情史和異性緣。此部分留待下次來書。

Doraemon 生日快樂　三日

今天是 Doraemon、機器貓小叮噹的生日。

藤子不二雄最早在設定 Doraemon 的時候，Doraemon 是一隻來自二十二世紀、出生在二一一二年九月三日的機械貓。

Doraemon 之所以會搭時光機前往二十世紀，是因為大雄和靜香的孫子的孫子，感覺因為他們的祖先大雄的倒霉和無能、又欠了許多借款債留子孫，使得他們子孫也跟著受連累，所以派了 Doraemon 提前到二十世紀的祖先大雄身邊幫助他。

Doraemon 的日文漢字，一般多寫做「銅鑼衛門」。日本有一些人名也會看見

「〇〇右衛門」或「〇〇左衛門」。衛門（えもん、emon）兩個字，一般是指衛門府的略稱，而衛門府指的是律令制的官司之一。這個職位主要是管宮城諸門的警備和巡檢。

講比較直白的，衛門就是看門的門房、警衛保全、宮城守備等類似之意。

至於銅鑼（どら、Dora），就是那個圓圓的敲打發聲銅器。Doraemon 的臉就是和銅鑼一樣圓。愛吃的食物也是和菓子銅鑼燒。另外日文銅鑼（どら）和老虎（とら）很接近，而老虎也就是大貓。

所以我覺得 Doraemon（銅鑼衛門）在這裡設定的角色意義，應該就是「一隻和家人生活在一起、看家顧家的、臉長得像銅鑼一樣圓的貓」、而且它是「來自未來」，是「機器人貓」。

Doraemon 愛吃銅鑼燒的由來似乎有很多說法。但我比較認同銅鑼燒在昭和二十年以後受到西洋的鬆餅（hot cake）的作法影響很大。如果拿掉紅豆餡，其實銅鑼燒的兩片小麥麵粉皮餅還真的有西洋鬆餅的食感。

在鳥取縣米子市有一家一九五八年（昭和三十三年）創業的丸京製菓公司，專門製造和販售銅鑼燒等和菓子。這家公司從一九九〇年（平成二年）開始販售銅鑼燒，該公司的銅鑼燒生產量號稱是日本第一與世界第一，銅鑼燒至今已是該公司看板商品。

最後話說回來藤子不二雄。

我念小學的七〇年代，那時《機器貓小叮噹》漫畫的作者在書的封面上都是寫「藤子不二雄」。我一直到很多年以後才知道藤子不二雄不是一個人，而是兩個人。

「藤子不二雄」其實是兩個小學同學、漫畫家藤本弘與安孫子素雄合作的共同筆名。它是一個combinatiom，一個unit。

藤本弘與安孫子素雄兩人從一九五一年結成組合。從一九五四年到一九八七年他們解散為止，一直共同使用「藤子不二雄」這個畫家筆名。解散後，藤本弘筆名改為「藤子・F・不二雄」，安孫子素雄筆名則改為「藤子 不二雄Ⓐ」。兩人一起共同合作到一九八七年，最後因為畫風不同的關係決定分道。

Doraemon的原筆是由藤本弘所繪，所以兩人拆夥後，Doraemon是由藤子・F・不二雄繼續繪製。但是藤本弘在一九九六年就去世了，安孫子素雄仍然健在。

藤本過世時曾有記者問安孫子是否要繼續為藤本繼續繪Doraemon，安孫子則感傷謙虛地說「我畫不出那樣的作品」。

九月三日。祝小叮噹生日快樂。

機場看板上的英文代碼

四日

一九九四年今天，位在大阪灣內泉州海邊的關西國際機場開航啟用。

關西國際機場在日文一般都是寫「関西国際空港」，簡稱「關空」。是日本第一個二十四小時營運的機場，也是世界第一個真正建在海上人工島的機場。

關空的營運是由純民間企業的關西機場集團所經營。關西機場集團下則有關西機場股份有限公司等所屬八家公司。近鄰關空的大阪國際機場（伊丹機場）以及神戶機場，均是由關西機場集團的下轄公司所營運。

我們在機場常常可以看到各機場專有的英文代號，各航空公司也有航空公司的英文代號。機場的英文代號是由三個英文字組成（3 letter code），航空公司的英文代號則是由兩個英文字組成（2 letter code）。

比如成田國際機場是用ＮＲＴ、羽田機場用ＨＮＤ、大阪的伊丹機場則用ＩＴＭ。使用日文的旅客看這幾個機場的英文代號會覺得很好記，因為它們都是來自這些機場日文名稱的各英文拼音字母首寫。

其他國際間機場也是如此。比如美國紐約的甘迺迪機場代號是ＪＦＫ、馬來西亞吉隆坡機場是ＫＵＬ、韓國的濟州國際機場是ＣＪＵ。全部都是三碼英文字。

比較令人好奇的是，為什麼關西國際機場（Kansai International Airport）的機場代碼不用ＫＩＡ，而是用ＫＩＸ？

其實也沒什麼太奇怪的，全世界有四千一百多個機場，三碼英文代號原則上誰先使用了，後面申請的機場當然就不能再重複申請。

一九九四年關西機場開通啟用時，巴布亞紐幾內亞的 Kaiapit Airport 已使用ＫＩＡ的機場代號在先，再加上ＫＩ之後可以再選使用又不與其他機場重複的英文字僅剩Ｉ和Ｘ，所以最後關空就選了ＫＩＸ做機場代號。

另外航空公司的英文代碼都是用兩碼英文字。比如華航用ＣＩ、日航用ＪＬ等。由來也多半都是用航空公司的英文名稱字母首寫。

但是全日空輸股份有限公司（ＡＮＡ）為什麼公司英文代碼會用看似和公司英文名稱完全無關的ＮＨ？那是因為「全日空輸」的前身的公司名稱是「日本直升機輸送」（Nippon Helicopter），所以最早的時候就是用英文字母開頭的Ｎ、Ｈ兩字當公司代碼。

全日空輸股份有限公司在一九五二年（昭和二十七年）成立的時候，是由兩台直升機起家，發展至今，也算是世界航空公司史上珍貴的奮鬥紀錄。

台灣「紅喉」日本叫「喉黑」 六日

快中秋了。

以前很喜歡去宜蘭海邊的漁港買魚。有一陣子還會特別開一個多小時的車到宜蘭東澳粉鳥林漁港買魚、吃海鮮。現在蘇花改開通了，交通方便了，粉鳥林人也多了，這幾年反而就去得少了。

粉鳥林港在東澳海邊，十幾年前去的時候根本沒什麼觀光客，港邊只有一家賣飛魚丸和現煮海產的店。那裡的太平洋海水湛藍，背山抱海，站在港邊低頭凝看著清澈的海水可以看到成群的熱帶魚在巡游。

因為要買魚的關係我才知道，粉鳥林漁港早上八點和下午四點半固定各有一艘船會進港，那是當天收完定置網漁獲回來的漁船。要買魚就這時候跟附近餐廳和店家一起下去自己抓、自己秤。那是真正的現撈仔。東澳定置網抓的魚基本上有一些像花鰌仔、瑪嘉、剝皮魚、紅甘、鯖魚、竹莢魚比較常見，但是當然也會有一些野生海麗等各種雜魚。

我雖然喜歡吃魚，但是真正吸引我去漁港的其實是去看魚。那一條條生猛、眼睛發亮的剛起岸魚隻，一尾尾在我看起來都像海洋寶石一樣。真是美麗。

粉鳥林定置網的魚不是一年到頭都有得去買、去看。因為天氣一熱，魚就少了。所以每年六月到九月中秋前，他們都是休漁的。

夏天天氣熱魚少，要過中秋才有看頭。天氣冷了脂肪才會蓄積，魚才會肥。種類和量也是要過了中秋才會多。

去粉鳥林漁港買魚我有一個印象。就是大約九月這個季節開始，當地一個村長的漁船會專門出海抓紅喉。我有一次正好看到他抓回來一堆紅喉在岸邊用保麗龍箱裝箱，幾百尾新鮮紅喉，真的像一堆紅寶石一樣，美不勝收。當場我就現帶了十尾回台北，覺得自己吃不了也應該帶一些回去送朋友才不虛此行。

紅喉在台灣是高級魚類。餐廳裡面一隻大一點的煎紅喉或烤紅喉隨便都要一千五百台幣起跳。在日本，紅喉也是高級魚類。有人說它是「白肉的 toro」、也有人說它是「紅寶石」。日本紅喉的產地主要在臨日本海的島根縣、新潟縣、富山縣、石川縣等地區。島根縣的濱田市還把紅喉當成「市魚」。

日本人吃紅喉吃法似乎比台灣人多。除了煎、烤外，還會把紅喉拿來做一夜干、煮茶泡飯、鍋物等等。

比較有趣的是紅喉在日本，日文稱為「ノドグロ」，漢字寫做「喉黑」。因為把紅喉的嘴打開會發現它的口腔和咽喉是黑色的。所以日本人稱紅喉為喉黑。另外也有人稱它「アカムツ」，漢字寫做「赤鯥」。

去宜蘭大溪港時還會看到一種相較於紅喉價格比較便宜一些的黑喉。台灣黑喉不是日本喉黑。黑喉在日本則被稱為「くろぐち」，漢字寫做「黑石魚」。也有人稱它為「カマガリ」，漢字寫做「釜借」，意思是形容「這個魚美味到讓人想要去借一個釜鍋煮飯來配著吃」。

今天九月六日，本社設在日本島根縣出雲市的經營居酒屋與壽司、水產加工食品盤商的日本海有限公司，定今天為「紅喉感謝之日」（ノドグロ感謝の日）。

仙台烤牛舌的故事　十日

中秋節又要到了。

不知道從什麼時候開始的，台灣人到中秋有很高的家戶比例會進行烤肉。

日本的燒肉店裡用豬、牛、雞做食材算是非常普遍。如果要單說烤牛舌的話，仙台烤牛舌應是最廣為人知。在仙台歡樂街國分町的烤牛舌老店裡，一人份的烤牛舌套餐約在一千三百日幣左右，套餐裡附有米麥混合的麥飯、量多的漬野菜、厚切燒烤的牛舌，再加上一碗熱呼呼的蔥煮牛尾湯。

仙台的烤牛舌起源是什麼呢？過去一般說法，烤牛舌是昭和初期利用駐留美軍所食用的牛肉的剩餘部分而來的。但是這個說法後來經過考究後被發現應該是假的，因為經查當時美軍所食用的由美國本土進口的牛肉都是經過解體後輸入的牛肉，輸入時幾乎都沒有牛舌部位。

在仙台一般被認為是烤牛舌元祖的店家，最初是一家由佐野啟四郎所開設的店名為「太助」的老店。二戰後的仙台市是一個失業者眾多、慢性糧食缺乏、治安不佳、火事頻傳的城市。佐野啟四郎先生原本是開設一家「燒鳥」店，店裡面除了賣烤雞肉，也有用豬、牛做燒烤和料理食材。

佐野在當時經營燒肉店時有一個煩惱，就是他發現燒烤是料理方式比較單純、簡單的料理，即使做出暢銷商品也很快就容易被別人模仿去，這使得他一心想要做一個「別人無法模仿的料理」。

在一次機緣中佐野和他開洋食店的好友小野談到此事，小野突然建議他「你的店如果賣牛舌的料理如何？」佐野聽後頗為心動，並且和小野去了小野友人開設的洋食屋吃燉（stew）牛舌。吃了第一口燉牛舌後佐野就被那個濃郁的料理感吸引，但是燉牛舌料理往往需要花費三、四天的時間製作，並不是適合燒肉店的題材。於是他開始研究烤牛舌，開始一連串的「試行錯誤」研究過程。

在當時，佐野第一個面臨的問題就是原料不夠。當時仙台市內幾乎買不到牛舌，必須探訪宮城縣內與山形縣內的屠宰場來確保供貨的來源。一頭牛一片舌頭，一片舌頭最多只能切取二十五片，所以當時還限定客人一人份只能有三片牛舌。

佐野的女婿（婿養子），也是現在旨味太助烤牛舌店的店主佐野八勇，他說，「店裡每個月的第一、三、五個週日是定休日，但是平日就都必須和各屠宰場聯繫確保貨源，只要一休假我就要陪同老爺子（啟四郎）到宮城縣內和山形縣的農家奔走，收集牛舌來源。從昭和四十一年（一九六六年）的秋天起到昭和五十三年（一九七八年）的八月盂蘭盆節止，我一年當中休假的時間只有八月十六日（盂蘭盆節）和正月元旦兩天而已」。

在料理技巧上，一開始佐野啟四郎連對牛舌的去皮方式都完全不了解，所以不小心切傷手的事也常常發生。但在這個過程中他發揮了職人的韌性與研究精神，從切塊的厚度、下刀的方法、熟成的時間、鹽的撒法、炭火的火力、燒烤的程度……

反覆研究，終於讓仙台烤牛舌誕生。

現在在仙台，味太助和旨味太助這兩家店都會自稱為「仙台牛舌的發祥、元祖」。味太助的初代主人就是佐野啟四郎，他過世後則由長男佐野和男繼承了味太助的經營。所以味太助應是仙台牛舌發祥元祖之店。

但是佐野啟四郎的女婿，也就是旨味太助的店主佐野八勇，他和啟四郎有著「師徒關係」，是啟四郎的大徒弟（兄弟子。弟子裡的大師兄）。所以有人說旨味太助才是真元祖。說旨味太助是「持續守護元祖仙台烤牛舌之味的老店」應也確實無誤的。

到底哪一家好吃呢？我其實都沒吃過。下次去仙台，一定去試試。

乃木大將，作為一個軍人的覺悟　十三日

一九八〇年代，我還在唸國中的時候，有一天我父親下班回來拿了一捲ＶＨＳ錄影帶，上面標貼寫著「二〇三高地」。這部片子後來我和我父親一起看完。至今留下的印象是，第一、片長有些長。第二、日俄戰爭旅順攻圍戰中，日本為了攻下

高地前仆後繼滿山陣亡了一波又一波的軍人，死傷無數。第三，也是我印象最深的一幕是，凱旋歸國後到皇宮向明治天皇復命的第三軍司令官乃木希典將軍，當他循著復命書向天皇唸到「將兵忠勇義烈犧牲無數，臣希望自刃以償造成將兵死傷之罪」時，悲慟泣跪於明治天皇御前腳下之景。

九月十三日在日本也被稱作「乃木大將之日」。西元一九一二年（大正元年）的今天，也是明治天皇大喪舉行喪儀之日。當天晚上大約八點左右，乃木希典將軍就在他東京赤坂的自宅內十字切腹，追隨他的主君明治天皇而行。也幾乎同一時間，他的夫人乃木靜子，也在將軍身側以護身用之懷劍舉劍刺胸自刃，陪夫君同行殉主。

在那一場日俄戰爭中，乃木將軍的長男乃木勝典中尉率先戰死。六個月後在日軍對俄發動第三次總攻擊中，次男乃木保典少尉也戰死。乃木將軍在出征前曾對妻子靜子說，「既是父子三人同赴戰爭，即使誰先陣亡了，棺材還沒湊成三具之前不要進行葬儀」。

在日文的網路頁面上可以看到一張「最晚年の乃木夫妻」的照片。那是一張乃木將軍全身穿著軍服戴著老花眼鏡、坐在沙發上攤開報紙閱覽，夫人靜子也身著和服立於一側入鏡的照片。整張照片如果不多加敘述，其實給人看起來是將軍正從容閒適地閱報，很難讓人想像數小時後將軍夫婦即以刀劍自刃，隨主告別人生。

其實乃木將軍在「西南戰爭」中即曾因深刻自責自己擔任指揮官的連隊旗被敵軍所奪而企圖自刃。後來是被熊本鎮台參謀副官兒玉源太郎少校發現後奪去他手上軍刀而力諫阻止。一九〇六年（明治三十九年）日俄戰爭後乃木大將凱旋返抵東京時，面對民眾與輿論英雄式的夾道歡呼，他卻直奔皇宮復命，聲淚俱下的請奏天皇准予他自刃，以償造成多數將兵死傷之罪。但是明治天皇卻告訴他，雖然可以理解他的痛苦心境，但是現在不是他該死去的時候，「如果無論如何要赴死的話，等朕去世後你再做吧！」並且請他卸除戎裝到擔任教育皇族的宮內省所屬的學習院擔任院長，把自己的孫子，也就是後來的昭和天皇裕仁的教育交付給他。

乃木將軍過世前曾留下數個遺言文字，其中一個以「遺言条々」為題的遺書中曾敘述到，他的自刃是為了為西南戰爭中連隊旗被奪而贖罪。

我記得以前看過一部訪談西安事變主角張學良將軍的影片。影片裡張將軍說，他的父親張作霖曾跟他說，你要當軍人從今天起你就要有把腦袋拿下紮在腰帶上的準備。也就是既然當了軍人，這個身分，就是選擇放下生死，要有隨時與死亡為伍的覺悟。

乃木將軍的一生，應該一直都持著這個覺悟。

乃木將軍曾以「靜堂」為號名做過許多首漢詩。其中最有名的三首如下，被稱

「乃木三絕」。

山川草木轉荒涼
十里風腥新戰場
征馬不前人不語
金州城外立斜陽

〈金州城外之作〉

爾靈山嶮豈難攀
男子功名期克艱
鐵血覆山山形改
萬人齊仰爾靈山

〈爾靈山（即二〇三高地，諧音）〉

皇師百萬征強虜
野戰攻城屍作山

Logan
2017.5.29.
命もいらず、名もいらず、
官位も金もいらぬ人は、始末に困るものなり。
この始末に困る人ならでは、艱難をともにして
国家の大業は成し得られぬなり。
西郷南洲

人間五十年
下天のうちをくらぶれば
夢幻のごとくなり
ひとたび生をうけ滅せぬ
もののあるべきか
"敦盛"
2017.3.30.
Logan.

愧我何顏看父老
凱歌今日幾人還

〈凱旋〉

讀這些詩作，雖然回首光陰已百年，但是似乎仍然可以感受到古今中外軍人們的覺與悟。

Happy Monday，九月中的「敬老之日」 十九日

在台灣每年的「敬老之日」是九月九日，重陽節。在現今日本，則是每年九月的第三個禮拜一，屬於日本法律所定的「國民祝日」之一。

一九四七年（昭和二十二年）時，兵庫縣多可郡野間谷村的村長門脇政夫，認為應該要「珍惜老人、借用老人們的智慧來建立美好的村莊家園」，所以他主張利用九月中旬農閒時刻，氣候也已從炎夏轉為舒爽的秋季裡訂一個「老人之日」（年寄りの日），並且在該日召開「敬老會」活動。時間就選在每年九月十五日。

從一九五〇年起，全兵庫縣也都以這一天為「老人之日」，然後慢慢廣及到日本全國。到了一九六六年內閣府將九月十五日制定為「敬老之日」，作為國定假日之一。所以可以發現，其實日本敬老之日國定假日的形成，其實是真的由下而上、由地方而全國，一步一步認同、踐行出來的。

二〇〇二年（平成十四年），隨著法律（祝日法）的修正，配合新修法的「Happy Monday」制度（類似台灣彈性休假的調整），從二〇〇三年（平成十五年）起，敬老之日就固定改為每年九月的第三個禮拜一。

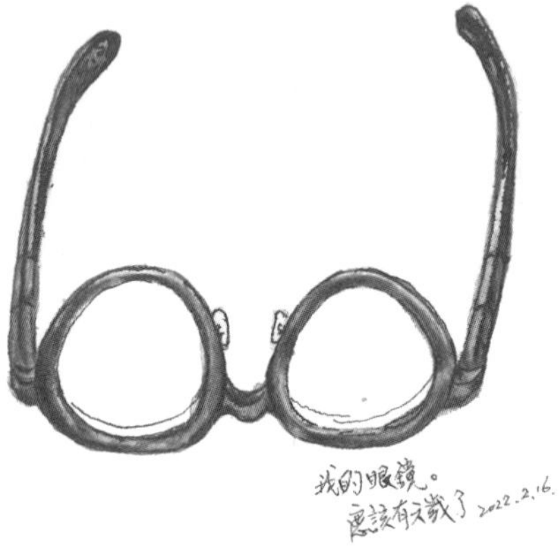

相對於敬老之日，腦筋動得快的日本百貨店協會（JDSA）則把每年十月的第三個禮拜一定為「孫子之日」。鼓勵全日本的爺爺奶奶們，應該在這天和他們孫子們互動聯繫，買東西送給孫子或和孫子一起去拍全家福照片。

最初將敬老之日定在九月十五日還有兩種說法，一是九月十五日是日本聖德太子在四天王寺建悲田院（相當於現在收容無依老人的社會福祉機構）的日子，另一說法則是該日是元正天皇前往「養老之瀧」瀑布幸訪之日。

一九八四年（昭和五十九年）時，日本三重縣的羊棲菜（又稱鹿尾菜，一種海洋褐藻）協同公會為了推廣羊棲菜，用了過往傳說吃羊棲菜可以長壽（ひじきを食べると長生きをする）的說法，配合當時九月十五日敬老之日，而將當日定為「羊棲菜之日」，鼓勵大家多吃羊棲菜，不只要延長壽命，而且要健康的長壽。從一九八五年起每年都會辦羊棲菜祭日活動，推廣這個從北海道到本州、四國、九州、西南諸島海岸潮間帶繁茂生長的海藻食物。不過羊棲菜在朝鮮半島還有中國南部省分沿海也有分布盛產，所以據說目前日本國內所流通食用的羊棲菜，有九十％是來自中國和韓國的輸入品。

「敬老」除了有人倫價值的感恩信仰，還有善良與謙抑成長的智慧。

銀河鐵道列車　二十一日

日本著名的童話、小說家宮澤賢治在一九三三年（昭和八年）九月二十一日以三十七歲英年過世。一九三四年他的好友詩人草野心平等人把他生前許多作品整理後委請文圃堂出版社幫他出版《宮澤賢治作品集》。德國哲學家尼采曾經寫過「我的日子還沒到來，有的人死後才出生」。宮澤賢治大概就是這種境遇。他在生前，一般民間讀者少有人識得他的作品，一直到了他死後作品集出版了，才在世間被急速地高度評價為國民作家。宮澤賢治作品集裡的《銀河鐵道之夜》其實還在草稿階段，但是即使如此，這本童話小說在過去九十年仍然深深浪漫地載領著許多日本讀者和世界讀者們的嚮往童心。

《銀河鐵道之夜》。銀河、鐵道、列車、星夜⋯⋯。

閉起眼睛冥想一下，其實書名本身就非常有畫面。

故事的小男主角喬萬尼在返家路途上的小山坡頂上迷濛中醒來，發現自己和好友卡帕涅拉正搭著在星際銀河軌道中行駛的列車。途中他們經歷了天鵝星座站⋯⋯南十字星座站⋯⋯媒袋星雲站⋯⋯，遇到了在白沙和水晶裡挖掘化石的乘客⋯⋯捕捉白鷺來製作糖果的乘客⋯⋯剛從一艘撞了冰山而沉沒的郵輪上來的年輕教師和兩位小孩乘客⋯⋯。但是後來喬萬尼又從這個夢中醒來，並且發現在夢境中已先他離去、消失的摯友卡帕涅拉，在現實中已在銀河節的水燈活動中因為救人而意外死去⋯⋯。銀河鐵道列車在星夜的銀河軌道旅行裡走過了銀河星座裡的一站一站。原來，它是一列開往天國、天界的列車。

想想在宮崎駿的動畫卡通裡，除了那一台載著小女孩姊妹遨遊飛奔天界的「龍貓公車」外，《神隱少女》（千と千尋神隠し）裡面女主角小千從一個「界」到另一個「界」也是搭乘著那列浮遊於水面軌道的列車。

列車，「從一個界到另一個界」。

我念高中一年級的時候，從我小時候就一直在我們家一起居住的祖父去世。去世前幾天我祖母跟我說她晚上睡覺做了一個夢，夢裡她和我祖父及父親三個人在車站月台要搭火車。但是後來火車來了，只有我祖父上車，車子就開走了。我祖母還說，那是一輛白色的列車。幾天後，我祖父就去世了。這是三十多年前的往事了，但我還記得當時高中生的我還去看了農民曆上的「周公解夢」。「周公解夢」裡說，夢境裡病人裝車或上車都是不吉利的「大凶」。

這也是。列車，「從一個界到另一個界」。

宮澤賢治過世後四十九年，一九八二年（昭和五十七年），在宮澤賢治出生地岩手縣花卷市的胡四王山裡，宮澤賢治紀念館開館。
我相信很多讀過《銀河鐵道之夜》的人，每當有機會仰望滿天星斗的星空時，都會想起和嚮往銀河裡那一列劃天行駛的星燦列車。現在、過去和未來。
這就是童話的美好吧！

十月 *October*

憶「KENZO」、悼高田賢三

四日

那一年應該是一九九七年。

我在台北南京東路的一個國際法律大所上班，那是我出社會第一份工作。剛入所時一個月薪水台幣三萬五，不到一年老闆又幫我加了薪到四萬。又過了半年，再加五千，四萬五。二十幾年前，二十多歲，單身，說真的，這樣很瀟灑好過。

那一年和我一起長大的國中同學找我，問我要不要和他一起參加旅行團去峇里島，五天四夜，團費一人台幣九千九百元。住 kuta 附近半山腰一個新蓋沒多久的渡假中心。這是我人生第一次參加旅行團出國度假，第一次去印尼，第一次去峇里島。

在峇里島那幾天，在傳統市集買了一個純牛皮公事包，店家喊價台幣一千，最後殺到台幣三百成交。在 kuta 市區一個大百貨公司買了一雙皮鞋，台幣兩百八十。然後我看到百貨公司裡有一個區賣的襯衫很好看，一件台幣要六百五。因為好看，雖然我並不認識這個服飾品牌，最後還是帶了兩件，一件白，一件花。這個襯衫品牌就是高田賢三的 KENZO。這是我人生第一次買「品牌商品」，也是我至今買過的唯二件高田的衣服。印尼製造。

最近翻書的時候看到小林泰彥寫的一篇記文，很有趣、很特別，還令人有一點意外。

現在已經八十五歲的小林泰彥是日本插畫家、報導文學家。一九六八年，他到歐洲去取材，然後在日本的《平凡パンチ》周刊（封面用清涼美女、內容多為社會流行資訊與社會情狀報導）做了一系列連載。其中有一篇在周刊當年十二月二號登載的文章，叫「在巴黎的日本人」（パリの日本人）。內容主要是以一位在巴黎的年輕助理設計師為採訪對象，報導一個普通的日本年輕人在巴黎的工作與生活狀況。

小林寫和畫這篇報導時三十三歲，採訪對象則是透過一位在巴黎工作的二十九歲日本年輕人高田賢三介紹的。高田賢三在一九六四年二十五歲時到巴黎討生活，到了一九七〇年才進行了個人第一次服裝發表。這篇文章的被採訪對象也很年輕，當時只有三十歲，也是沒沒無聞的在巴黎生活的日本人。工作是在國際知名服裝設計師紀凡希（GIVENCHY）的工作室擔任紀凡希的助理。

紀凡希當時有兩位助理。小林對這位在紀凡希工作室的日本人年輕助理進行生活上採訪，並且用插畫畫了他的住所、穿著與住所房間的配置和擺設。

這個三十歲的年輕服裝助理設計師，叫做「三宅一生」。也就是後來在國際上赫赫有名的服裝品牌「ISSEY MIYAKE」的創辦人。

當時二十九歲的高田賢三後來用他自己的「賢三」英文拼音創造了服裝品牌「KENZO」。三宅一生也用自己的名字創造了「ISSEY MIYAKE」。當時這兩個在巴黎工作、學習的年輕人，在日本社會都沒有人識得，沒沒無聞。

小林也一定非常意外後來這兩個年輕人都成了非常成功的國際級知名服飾品牌創辦人。想想這一篇報導機緣與手繪，也是奇緣此生吧?!

二〇二〇年的今天，一早看新聞畫面，高田賢三也被新冠肺炎病毒帶走了。八十一歲，結束精彩一生。

人生就是這樣，歲月就是這樣。過去了，走了就走了。那一年，我唯一在峇里島看過、抽過的 burberry 香菸不會再回來了，KENZO 襯衫也不會再回來了。高田賢三也不會再回來了。但是，沒有關係的。美過了就好了。美過了就好了。

南部煎餅的婆婆　五日

在台灣，淡水有阿婆鐵蛋、日月潭有阿婆茶葉蛋、台北寧夏夜市有阿婆飯糰、我在屏東恆春則吃過阿婆乾麵。很多的技藝，特別是美食，如果有了婆婆、奶奶、祖母的元素在裡面，給人的感覺似乎就會特別變好。我想，這除了是現代人對古風的嚮往外，應該還有很多是對婆婆、阿嬤的信賴與溫暖回憶。

日本的青森縣、岩手縣地區，以前在令制國時期屬於八戶藩。八戶藩藩主是八戶南部氏。在該地區，南部煎餅是一種用小麥粉和水揉和後燒烤的煎餅，自古就一直在八戶藩地區做為零食被傳承著，現在仍是岩手縣和青森縣等東北地區的名產。

講到南部煎餅就不免要提到一九四八年（昭和二十三年）創業，總社在岩手縣二戶市的巖手屋煎餅店。巖手屋的產品外包裝袋上，有一個標記性的「老婆婆做煎餅」的圖案。這個圖是北海道出身的知名漫畫家大場比呂思（1921-1988）所繪。而巖手屋的創辦人小松シキ（1918-2002）正是一位從一九四八年起，以製做煎餅創業後到二〇〇二年（平成十四年）八十四歲永眠前，五十四年一路走來全心奉獻於製作煎餅的老婆婆。

已故的日本小說家、天台宗尼僧瀨戶內寂聽，曾形容嚴手屋的小松婆婆是一位「讓人感覺個性沉穩謙和內斂的女士，她圓圓的臉龐總像月亮一般露著純真的童顏」。

小松婆婆十二歲的時候，在青森縣一個小町的雇主家裡當傭用工時學會了製作煎餅。她雖然是一位女性，但是為了想養家與孝親，有一天回家竟然跟她母親說她要做商人！她母親雖然訝異與遲疑，但是很快地就幫她從親戚那裡借來一台木拖板車，並且嚴肅地告誡她「我只能幫妳做這個了，今後就要靠妳自己的腦袋和努力了，如果要做就不要半途而廢，要盡心努力」。

小松婆婆一開始就拖著木板車，後面放著白菜和蘋果叫賣做行商。結婚後，她憑著幼年時在雇主家習得的製作煎餅手法開始用「二十二丁」鑄鐵模具來做烤煎餅。日文有一個漢字詞叫「一筋」，意思就是「一心一意」。小松婆婆從此的人生就是「一筋」地製作南部煎餅。所以在岩手、青森地區，說到「南部煎餅的婆婆」，就是小松シキ女士。

我記得已故的台灣劇場家李國修也曾經說過，他一輩子為京劇演員做鞋靴的父親曾經告訴他，「人生只要做好一件事，就功德圓滿了！」小松婆婆在她的自傳《手握起來、張開來》（むすんでひらいて）中提到，她的人生過程中可以說經歷過無數辛苦，五十四年走來她只一心一意地做好煎餅。無論遇到什麼困難，總是以感謝的心來度過。她的公司可以走到今天，不是單憑她個人的力量也不是單憑小松家族的力量，而是憑著二百多位為了公司、為了她，一生懸命努力工作的社員們才有了今天的巖手屋。她說「我的先生常說，到了山裡就要珍惜樹木，到了河川就要珍惜水源」、「我常常在想要好好珍惜人」，珍惜她二百多位的從業員工和感恩所有愛用和支持她產品的顧客。

巖手屋的社訓是「一、創造讓人希望再度相遇的人格。一、製作讓人希望再度品嘗的食物。一、透過工作對社會提出貢獻」。

我雖然不是煎餅的熱愛者，但是下次如果有機會到青森、岩手地區旅行，我想我也會買一包婆婆的南部煎餅，感受小松婆婆一生堅毅和煦的溫暖與力量。

迷你裙往事　十八日

有時我翻看小時候、童年時候的照片，那些多數都是一九七〇年代時期的照片。

我發現那個時候包括我的母親還有照片裡的一些阿姨和年輕女士們，幾乎清一色的都流行穿迷你裙。特別是在出遊時拍照的影像裡。

一九六七年（昭和四十二年）的今天，來自英國被稱為「迷你女王」的女星崔姬（Twiggy）來到日本，自此在日本掀起了迷你裙風潮。其實最早迷你裙是由倫敦的街頭設計師瑪莉・官（Mary Quant）在一九五八年的時候所設計的短裙，當時主要銷售對象是年輕族群。至於這種短裙之所以被設計師命名為「Miniskirts」（迷你裙）是因為官自己本身是英國車「Mini」的愛好者，所以據此命名而來。這個迷你裙後來在一九六〇年代後半期在全世界都掀起了風潮。

在崔姬訪日的前兩年，也就是一九六五年，創立於一九一八年、總社在大阪以作纖維事業為主的帝人股份有限公司就已經首發販賣「テイジンエル」這個迷你裙商品。後來除了崔姬的訪日，一九六七年日本女星野際陽子從巴黎回國時也穿迷你裙，一時間點起了迷你裙流行之火。後來美空雲雀在歌謠節目中也首次著迷你裙演唱〈真赤な太陽〉，更帶動了平常只穿長度至膝蓋以下裙子的女士們也開始穿起迷你裙。迷你裙一時間形成大流行。這個流行不只在都會的年輕女性中流行，在日本其他年齡層的女性也開始全國流行。

在第一次的迷你裙大流行風潮中，日本的許多交通事業單位、警察機關，以及一九七〇年日本世界博覽會會場各展館的工作人員服裝設計，幾乎都受影響地融入與共鳴在這一波迷你裙服裝設計潮中。妖精性的剪裁和迷你裙標誌風格，正是六〇年代的文化象徵吧！

一九六四年日本舉辦東京奧運後，經濟曾一度陷入不景氣。日本政府於是決定發行二戰後以來第一次建設國債，結果從一九六六年起日本經濟開始好轉、復甦。從一九六五年十一月到一九七〇年七月，連續五十七個月，日本迎來了戰後最長的高度經濟成長的好景氣。這個景氣被稱作「伊奘諾景氣」（イザナギ景気）。「伊奘諾」之名則係來自日本神話中的男神伊奘諾尊。簡單說，就是一個神話般強健的經濟景氣時期。而這個時期也正好和迷你裙在日本蔚為風潮的時間相疊，所以也還有論述和分析說女士裙子的長度和經濟的景氣有著相關呢！

其實我印象裡面，一九七〇年代還流行一種緊身的女性短褲叫「熱褲」（hot pants）。當我還是小學四年級的學生時有一天放學回家，迎面走來兩位身高應該都有一米六的大姊姊穿著超短的運動款熱褲，從我身旁「香香的」走過。看得我這個小學四年級的男童也渾身熱了起來。

哎，那真是一個美麗、美好的年代。

花少不愁沒有顏色

二十三日

我很喜歡〈西風的話〉這首歌。每年秋天，天氣一涼，我就會想起、哼起這首歌。

小學二年級的時候，我從台北一所小學轉學到另一所小學。剛到新環境，有點怕生，也不太跟新同學說話。有一天我們導師帶我們上唱遊課；對，那時小學二年級叫「唱遊課」，不是音樂課。忽然笑咪咪的要我這個新同學上台唱一首歌給大家聽。我雖然傻了，但是還是上台唱。很認真地唱。我記得，當時，我就是唱〈西風的話〉。我很認真地唱，唱到最後一句：花少不愁沒有顏色，我把樹葉都染紅。

每年今天或前後日，一年的二十四個節氣走到第十八個節氣，叫「霜降」。霜降前一個節氣叫「寒露」（大約十月八日左右），後一個節氣就是「立冬」了（大約十一月七日左右）。霜降時節，大地的露水因為寒氣開始固化成霜落下。江戶時代的時曆解說書《こよみ便覧》也提到，「露水被陰氣所結而成霜降下也」。

這個時候國土百分之七十覆滿林木的日本列島，所有的森樹與山色開始染滿了黃、橙、赤、紅、丹、紫、綠……。這個織景，正恰是日文所說的「錦」（にしき）。

這個季節正是日本列島的「錦秋」。

相傳日本的春、秋各有一位女神。春天的女神是佐保姬。秋天的女神則是竜田姬。竜田姬原本是風神。竜田山的的紅葉正是被她的吐息吹拂，而織染上了美麗的秋色。日本人春天賞櫻、秋天賞楓。其實滿開的櫻花和通紅的楓葉，都是生命落地歸土前最後壯麗的燃燒。但是這就是生命值得讚嘆和值得玩賞的所在吧?!

葉落、花落歸土，但是春苗又會新綠，生命又會再走一輪春秋。日文的漢字「儚い」，裡面拆和著看，一個是「人」、一個是「夢」，兩個字合在一起，這個「儚」就是「無常的」、「脆弱不定」的意思。春賞櫻、秋賞楓，其實也有日本人對無常的賞、敬吧！霜降時節的日本列島，早晚氣溫偏低，氣候開始令人感覺往入冬走。楓樹、漆樹、銀杏樹、常春藤、山杜鵑們紛紛轉黃、轉紅。霜降到立冬時期吹的寒冷北風，日文漢字寫作「凩」或「木枯らし」。此時日本列島氣候呈冬季型的西高東低氣壓。在關東地區（東京）和關西（大阪），霜降前後每年第一波吹起的北風，氣象廳會用「木枯らし一号」來代表。

其實過了霜降還有一件非常令人期待的事想做，

就是泡溫泉、浸風呂了。賞完楓紅、讓身心釋放在潺潺溫泉水中，再起身飲幾杯忘年會的清酒，慢慢吃一頓慰勞自己和家人的感恩餐食。一年，就又可以非常心懷感恩了。

「花少不愁沒有顏色，我把樹葉都染紅」。

食米樂　二十六日

每年差不多這個時候，日本列島各地方應該都可以買到、吃到「新米」了。所謂的「新米」，簡單說就是當年度生產收穫的米。

依照日本的法規規定，外包裝上有新米標示的米商品，必須是當年度生產、碾殼、完成包裝的米才可以標示是新米。即使是同一個時期收穫，但是如果過了當年十二月三十一日才包裝，也不可以標示是新米了。

新米因為是當年度採收的稻米，所以一般水分都比較富含，吃起來黏度比較高、比較Q。煮的時候和不是新米的古米比起來，水可以少放一些。但是並不是古米就不好吃。古米的水分含量雖然沒有新米高，但是用來做咖哩和炒飯吃卻最是適合。

以前在日本念書的時候，我發現去燒肉店，日本同學、特別是男生，幾乎都要叫白飯。我當時心裡想，吃燒肉就吃燒肉為什麼還都要叫個白飯？後來我才知道，原來剛燒烤好還低油的肉片沾上燒肉醬汁覆在白飯上，然後筷子把燒肉片含一小口白飯一捲入口，最是香噴噴的美味！

我們台灣本身雖然也富產稻米，但是有很長的一段時間甚至到今天，還是有許多熱愛吃日本米的粉絲，覺得日本米就是特別好吃。台灣超市裡日本新潟縣（特別是魚沼產）的越光米，雖然價格不斐，但是還是長年在台灣超市裡頗有市場。

我以前也覺得除了品種外，可能是因為北陸地區氣候的關係，所以日本最好的米應該就是新瀉縣產的米。但是幾年前有一天我和一位日本熊本的長輩友人聊天時，他卻大搖其頭的告訴我「NoNoNo」、「日本第一的米在熊本」！後來那位長輩友人隔次再來台灣時還特地帶了當年度的熊本產新米給我，而且是「特別栽培米」（指農藥使用量與化學肥料用量必須是一般使用標準的五十％以下）。外包裝上還看得到「精米」（碾殼）的日期是他剛下台灣桃園機場前的一週。真的非常有心。

我後來才知道，熊本的米不但在日本的全國競賽中曾經得過第一（品牌名是「森のくまさん」），從江戶時代三百多年以來熊本的菊池米也一直是進貢給皇室，深受皇族與將軍們喜愛的夢幻之米。

くまもと
サプライズ
熊本県産
森の
くまさん
森の都、熊本で生まれた
その名も「森のくまさん」
おいしいお米です。どうぞご賞味ください。
2kg.
熊本県産 森のくまさん

其實如果真要做一下「歪嘴雞挑米吃」地講究的話，一碗飯要煮得好吃，除了米之外，其實也是要很努力的講究煮飯工序和工具的。

我年輕時在台灣最大的日系廣告公司台灣電通上班時，我們的老董事長是宜蘭人，宜蘭出好水，所以米也是很美味有名的。某一年我們公司某年節送員工的禮物就是用宜蘭的五結米。我記得拿到米的當天，老董事長正晃晃悠悠的在辦公室內閒走，走到我面前時他看我手上拿著那盒米禮盒，忽然笑咪咪地問我：「你會不會煮飯？」「煮飯要好吃，洗米很重要你知道嗎？」「你會洗米嗎？我很會洗米。那個洗米ㄏㄛ，要水加下去後，手要下去畫圓揉……（很認真的教）。」其實，我真的會洗米。而且是念小學的時候我退休的祖父教我的。那天老董事長教我洗米的午後，也突然讓我懷念起童年和祖父一起的時光。

至於煮米的工具，現代人最方便的當然就是用電子鍋來煮飯了。但是這些年，其實很多人，尤其上了年紀的人，越來越少人吃白米飯。有時家裡一週煮不到幾次白飯。這種情況下，我倒是誠懇建議，如果已經很少吃白飯的人偶爾要煮白米飯來吃的話，不如用土鍋來煮白米。

用土鍋煮白飯，過程，有儀式性的樂趣。結果，有細膩性的美味度。

我們家我和我太太應該算是土鍋迷。台灣人比較熟知的長谷園，我家收了一只煮飯土鍋、一支蒸用土鍋、一支煙燻用土鍋。另外神話般逸品的雲井窯，光是煮飯用的一合半（鴨釉）、二合（赤樂）、三合（黑樂）、五合（鴨釉），就收了四款。另外又收了湯土鍋（鴨釉）、（雲龍）二只。連一般雲井窯很少出的飯碗、湯碗、湯匙、咖啡杯我們都珍收。不過，因為「雲井窯」在日本沒有固定店面，多半都是在日本各地區百貨公司季節輪展設櫃販售，所以常常可遇不可求，只能憑一個「緣」字購買。另外，這些土鍋碗瓢盆也不適合航空托運，所以每一個都是過去十多年我出差或旅遊時去日本，一個一個像帶小孩一樣，細心地手提回台灣的。如果沒有三分對雲井窯痴迷，恐怕還是不值得仿效。

雲井窯的歷史，依其所稱最早是明和二年（一七六五年）在京都伏見創業。二戰後在滋賀縣信樂的舊雲井窯村築窯，目前傳至第九代。初期主要是製作業務用土鍋。傳聞京都各大有名料亭都是指定使用雲井窯土鍋煮飯，自此在行家中流傳出雲井窯逸品聲號。

至於土鍋煮的白飯，是不是真的比現代講究精準與效率的電子鍋煮飯來得好吃呢？

我只能說，當你的雙手捧著土鍋時，那個溫潤、厚實的感受就是只有土鍋能給你。

當白米洗淨浸在水裡和土鍋釉色輝映出來的澄相，只有土鍋能給你。

當木飯匙輕輕從土鍋底翻起剛煮好的白飯而冒起白色蒸煙時，那個令人想嘆口氣的辛苦香甜感，也只有土鍋能帶給你。

米，好不好吃？當然好吃。

在台灣，吃好吃的米飯，是上天的恩賜。是要無盡感恩。

日本茶與御土產 三十一日

以前念中學時老師有教，中國東北有三寶，人蔘、貂皮、烏拉草。我這些年發現，台灣人對日本人送往迎來、送來送去也有三寶，不外乎就是「鳳梨酥、烏魚子、烏龍茶」。不過，這幾年我聽外交圈的友人說，駐日代表處曾創新嘗試用過屏東的世界冠軍巧克力作為年節致送日本政界和國會友人禮品，結果備受日本友人們好評。

這幾年因為參加社團的關係，時有訪日或接待日本朋友來台灣的機會。我有一位日本歐吉桑好友，他是熊本人，七十多歲了，每次來台灣一定都會大包小包的拿土產來給我。其中有一樣土產我印象最深刻也很喜歡，那是他來台灣前特地去熊本

市最大的百貨公司「鶴屋」所買的日本茶。

　　這個日本茶的茶葉禮盒外包裝是鶴屋百貨公司用的方正藍禮盒盒子。打開來則有兩袋用紫色紋紙做底，袋腰各再圈上一頁金箔色紙底，上面書法著「國寶青井阿蘇神社」、「八十八夜の奉納茶」的日本茶。簡單說，這個茶就是「立春過後第八十八天所採收而供奉於九州熊本縣人吉市球磨地區『指定國寶青井阿蘇神社』的茶葉」。

　　在日本許多地區，霜害在立春過後八十八天就逐漸減少，日語有個諺語叫「八十八夜別離霜」（八十八夜の別れ霜），意思就是八十八夜的最後一場霜。過了這天之後，大地氣溫將穩定地適合農耕，農家也不用再擔心四月常見的霜害。而八十八夜也正逢適合採茶的時期。這個時期採收製成的茶被稱為「新茶」與「一番茶」（第一次摘取的茶葉）。依據日本古老傳說，在八十八夜採收的新茶有著延年益壽的功效，日文稱這寫做「不老長壽的緣起物」。

相傳日本茶文化的普遍展開是西元一一九一年（建久二年）的今天，日本佛教臨濟宗的開山祖榮西法師從宋國歸國後帶回茶的種子和製法，使得茶的栽培在日本再度廣及開來，飲茶的文化也從貴族廣及到武士與一般庶民。

我們現在講的日本茶，一般多指日本生產的綠茶。當然日本也有紅茶、烏龍茶。而綠茶和後面兩種茶最大的差別，則是綠茶是未發酵茶，保留了茶最原始的味道和顏色；烏龍茶則是經過日曬和陰乾的半發酵茶，紅茶則是發酵完全茶。也因為發酵的有無和輕重，致使茶葉單寧酸釋放的多寡不同，使得味道上綠茶苦味重一點，烏龍茶苦味比較少，紅茶則偏甘無苦。

日本綠茶簡單來說最常見的種類有煎茶、玉露、番茶、焙茶、玄米茶、抹茶。而日本綠茶裡有六成是煎茶。

在製茶上，所有的日本綠茶都是採收後先經過高溫「蒸」的手續來防止氧化和發酵，然後再經過「揉捻」的程序，使得乾燥後的茶葉呈現長條卷曲狀。綠茶裡的煎茶一般就是經過這樣的程序。

而玉露在栽培的過程中，至少在採收前兩週就要搭棚遮斷陽光照射。也因為栽培時曾被遮日，所以玉露的光合作用效率變更高，葉綠素也增加，口味比煎茶甘甜，價格也比一般煎茶高。

至於抹茶則和玉露一樣，採收前三週就要遮光。抹茶蒸完後不揉捻，而是茶葉烘乾後去葉脈、莖，然後碾碎製成。番茶則指的是當年度第一次採收的新茶之後，第二次（番）、第三次（番）再採收的茶。番茶和當年度新茶比，茶葉比較硬一些，口味也比較清淡。但是它與「把煎茶或番茶加溫炒熱至兩百度釋放香氣」的焙茶，因為咖啡因低，香氣足，價格便宜，所以也深受庶民大眾喜愛。像我自己就最愛焙茶了，尤其配日本傳統小點心和煎餅的時候搭焙茶喝感覺最放鬆。

日本茶的國內生產量，第一位是在靜岡縣種植，占了四十％。第二位是在鹿兒島縣，第三位是三重縣，第四位則是宮崎縣。以靜岡縣牧之原台地為中心種植的靜岡茶，從室町時代就鼎鼎有名的京都府宇治茶，以及江戶時代就深受庶民喜愛的埼玉縣狹山茶，則被稱作「日本三大茶」。

幾年前日本有一部電影《告終的人》（終わった人。台灣把電影名稱翻得比較好聽，叫「退而不休」）。男主角是老帥哥演員館博，女主角則是黑木瞳。這部電影後來讓我留下最深刻印象的是，老派的日本男人出差或到風景地，回家還是會拎一份御土產給家人。即使是那種很通俗的包裝紙裡面是紅豆餅、煎餅之類的風景區土產。

我覺得，好吃不好吃、好看不好看是另外一回事。一個男人在外面即使再怎麼遇到風光明媚的風景，還是會想到回家，還是會想到回家前買個御土產給家人、朋友，這就是，「帥」啦！

十一月

November

祖父的 Old Parr（老帕爾）

九日

在我還很年幼，開始有記憶與回憶的一九七〇年代，洋酒在台灣多半家庭裡其實常常不是拿來喝的，而是被當禮品轉手來轉手去或放在家裡客廳櫥櫃當展示品。有時即使被喝掉，那個剩下的美麗舶來水晶瓶還會被留下，裝了同色的茶葉水放在客廳櫥櫃，繼續「舊瓶裝新茶」的展示著。

洋酒在那個年代不是隨興飲用的飲品。我的祖父退休後從鄉下來台北和我們同住，逢年過節他的學生有些會拿著洋酒伴手來看他。但是我記憶裡幾乎很少有他捨得開洋酒來喝的印象，家裡過節聚餐時奢侈一點比較常喝的就是公賣局的竹葉青、雙鹿五加皮。祖父的洋酒是拿來藏的，藏在他的一個寶貝鐵櫃裡。在那個鐵櫃裡的酒一瓶一瓶的像琥珀、像鑽石一樣。但是捨不得喝的結果就是變成他過世後我爸爸拿出來給兄弟姊妹們用抽籤分的遺產……。

我印象裡不太有祖父喝洋酒的畫面，但是腦袋裡卻有留著他用日本腔英文說他的藏酒品名的聲音。一個是他說「ナポレオン」（Napoleon、拿破崙）的聲音，一

個是他說「オールドパー」（Old Parr、老帕爾）的聲音。

「ナポレオン」白蘭地我到今天仍沒有喝過。但是今年八月從日本回來在福岡機場，我終於第一次買了這支 Old Parr，老帕爾。

現在老一輩的比較知道，Old Parr 這支蘇格蘭威士忌在日本特別受到歡迎。至於原因，我覺得可能還是在於他在日本社會「出世」的歷史與故事。十九世紀下旬日本開始開國，一八七三年日本右大臣岩倉具視所率領的歐美使節團回國，帶回來呈獻給明治天皇首次於日本登台露臉的蘇格蘭威士忌就是這個 Old Parr。我想應該就是因為這個「出世」場面與榮寵歷史，使得 Old Parr 後來在二戰後仍有著被日本高階政治圈像首相吉田茂、田中角榮以及財閥大人物們愛飲的畫面與故事。那個年代聽說紅到這款酒的銷控配售主要都還由極道的山口組所把持著。

我第一次買、第一次飲 Old Parr 就覺得非常莫名投緣。味道比較不是重點，而是整個情緒感受吧？這款調和威士忌在台灣其實不是熱門酒款也不是特別高價，但是它印雕著十七世紀陶土瓶裂紋的琥珀瓶身、四腳穩立不倒的酒罈握感、以及瓶身上配著

十六七世紀比利時畫家、外交官彼得・保羅・魯本斯（Peter Paul Rubens）幫老帕爾（Thomas Parr）本人畫的人像圖，配上老帕爾活了一百五十五歲、一百二十歲還生子的真實長壽精力故事，和其他那些光溜溜水晶瓶配著單薄廣告酒標威士忌比起來，Old Parr 根本是令人躊躇滿志的藝術汁液！

好了，不寫了，再寫會醉了。

謝謝祖父。懷念、想念他……Old Parr 老帕爾。

十二月

December

日本職棒成立的一些往事

二十六日

一九三四年（昭和九年）十一月，《讀賣新聞》主辦「日美棒球賽」，邀請了美國選拔代表隊第二度前來日本，與日本的全日本代表隊進行對戰，結果賽事在日本非常受到歡迎，非常成功。

十二月二十六日在東京都丸之內的日本工業俱樂部會場，以全日本代表隊隊員為中心的十九名創立會員，在創立總會上宣布大日本東京野球俱樂部創立，目標放在隔年一九三五年遠征前往美國，與美國職棒隊伍進行對戰。

大日本東京野球俱樂部就是日本職棒讀賣巨人隊的前身，這是日本現存歷史最久的職業棒球隊。

大日本東京野球俱樂部的第一代取締役會長是曾任眾議院議員、貴族院議員與早稻田大學名譽總長的大隈信常（1871-1947）。大隈信常原本出身長崎縣的平戶藩，東京帝國大學法學部畢業，其父親是平戶藩藩主松浦詮。信常後來因為娶了日本第八代內閣總理大臣大隈重信的女兒大隈光子而成了大隈重信首相的婿養子。

一九三六年（昭和十一年）出任日本職業野球聯盟的第一代總裁。

一九三五年，大日本東京野球俱樂部球隊第一次遠征美國，二月十四日在從橫濱出港的秩父丸號上，熱心推動美日職棒交流的前紐約巨人隊球員雷夫提・歐杜爾（Francis Joseph "Lefty" O'Doul）建議把大日本東京野球俱樂部名稱改名叫「東京Giants」，後來俱樂部就改名叫「東京巨人」軍。這也就是今天的東京讀賣巨人隊。

東京巨人軍成立以後吸引了許多球迷，其中相當主要的原因是該隊擁有當時曾經達成三次無安打、無跑者比賽的豪腕強投澤村榮治（1917-1944）以及日本職棒史上首位「打擊三冠王（於秋季賽事中以打擊率 .361、打點 38、十支全壘打）」的中島治康（1909-1987）。

一九三四年十一月十一日，澤村榮治主投對戰美國職棒大聯盟的明星隊時，一局上三振二棒查理・蓋林傑、三棒貝比・魯斯，二局上再三振四棒盧・賈里格、五棒吉米・法克斯，完成連續三振四名強打者的壯舉。那一年他才十七歲。一九三六年，澤村投出日本第一場無安打比賽，並且在日本職棒初次的總冠軍戰中創下了連續三場先發三勝的紀錄。

中島治康除了「強打」非常著名外，另外他的「猛肩」也非常驚人。在守備上他曾數度將右外野落地的球，強傳回一壘封殺跑者。在隊友中尾輝三兩次主投的無安打比賽中協助中尾先生創下紀錄。

比較令人感傷的是中日戰爭、太平洋戰爭陸續爆發後，澤村先是接到徵兵令前往戰場而中斷了職棒生涯三年。一九四〇年澤村重返球場時因為戰場上的肌肉拉傷與槍傷等身體狀況，導致他手臂已無法再用上肩投法投出速球，而必須以側肩投法復出。但這仍讓他達成了生涯第三次無安打比賽。一九四二年澤村再度遭到徵兵，四三年返國時澤村體能已嚴重受損，球威與控球均已大不如前。同年十月澤村第三度被徵召前往戰地，一九四四年十二月二日在乘船前往菲律賓途中時，不幸所乘船艦被美軍潛水艇擊沉而隨船殞落於九州屋久島海域。死時年僅二十七歲。

一九四七年日本職棒為了紀念澤村榮治，成立了「澤村賞」來表揚年度傑出的投手。同年讀賣巨人隊並將其使用的背號十四號退休，列為榮譽背號，對其永久紀念存敬。

說日本職業棒球史就是巨人隊的歷史，在某種程度上來說也不為過。

一九四一年（昭和十六年）太平洋戰爭爆發時，受到戰爭氛圍的影響，日本職業棒球聯盟曾經禁止使用英語，東京巨人隊的暱稱「Giants」也被禁用。球隊制服上的英文代號「GIANTS」也改成漢字的「巨」字。球團旗上的英文「G」也改成漢字「巨」。

在千葉縣習志野市的谷津玫瑰園入口旁，設有一個「讀賣巨人軍發祥地」（読売巨人軍発祥の地）的石碑。這個地方就是過去東京巨人隊的練習場谷津球場。在紀念石碑下並有長嶋茂雄、王貞治、原辰德等歷代巨人軍的監督與選手們的手印模石刻，並列著供人永久記憶與想念。

後記

「凡事沒有偶然、都是必然」。

年過五十之後，有時回頭去看看過往的行跡和遭遇，會發現其實人生裡遇到的人、事、物，走過的一點一點路棧，其實都是一路牽動和註定相遇而連接起來的。

二〇〇二年我在京都唸書的時候，有一天在學校附近「百萬遍」地區逛書店，順手好奇買了一本新潮社出版的日本插畫家大成由子（おーなり由子）老師的日本歳時記書《ひらがな暦》。這本書的內容一共有三百六十六篇，每一篇其實文字都不長，內容比較像是作者一年三百六十五天裡的心情短文隨筆和簡單的鉛筆勾線插圖。坦白說，後來這本書我一直沒有細讀，好多年下來只曾翻看過幾篇。

二〇二〇年一場全球大疫來襲，我和多數人一樣一下外出時間、社交時間都變少許多。這樣的結果間接讓我有比較多的時間窩在家裡、或是家中書房裡。在那個一天一天都在關注當日疫情報導的時間裡，我忽然想拿起二十年前大成由子這本歳時記來看看她的每一天日本心情。結果因為翻看這本書的關係，竟然讓我花了更多的時間自己去更深入的查找與相遇了許多日本的有趣人、事和風土紀日。

有時候僅為了一個人名，我會上網查到了許多故事，甚至上 YouTube 去聽相關影音、查找一些訪談的記事。但就這樣，越找越有趣，越找故事越多、心情越多，最後乾脆把那些每天查找的筆記熔上心情，寫下、畫下了這本日本日日風土隨筆書。

我希望這本書給讀者帶來的也是一種巧妙的緣分際遇感。如果在書中能有撥動您心的人物和故事，讓您想再更深入的去查找這些日本風土人物資訊，最終讓您也挖到了一些歷歷的寶藏故事，那麼我會非常開心的感謝上天，感恩出了這本書的際遇和緣分。

文學叢書 718

日日好日子——日本風土紀事

作　　者　曾鈐龍
內頁繪圖　曾鈐龍
總 編 輯　初安民
責任編輯　宋敏菁
美術編輯　陳淑美
校　　對　孫家琦　曾鈐龍　宋敏菁

發 行 人　張書銘
出　　版　INK 印刻文學生活雜誌出版股份有限公司
新北市中和區建一路249號8樓
電話：02-22281626
傳真：02-22281598
e-mail：ink.book@msa.hinet.net
網　　址　舒讀網www.inksudu.com.tw

法律顧問　巨鼎博達法律事務所
施竣中律師
總 代 理　成陽出版股份有限公司
電話：03-3589000（代表號）
傳真：03-3556521
郵政劃撥　19785090 印刻文學生活雜誌出版股份有限公司
印　　刷　海王印刷事業股份有限公司

港澳總經銷　泛華發行代理有限公司
地　　址　香港新界將軍澳工業邨駿昌街7號2樓
電　　話　852-2798-2220
傳　　真　852-2796-5471
網　　址　www.gccd.com.hk

出版日期　2023年 11 月 初版
ISBN　978-986-387-689-2
定價　390元

國家圖書館出版品預行編目(CIP)資料

日日好日子——日本風土紀事／曾鈐龍 著.
--初版. --新北市中和區：INK印刻文學，2023. 11
面； 14.8 × 21公分. --（文學叢書；718）
ISBN 978-986-387-689-2（平裝）
1.文化 2.風俗 3.社會生活 4.日本
731.3　　112017334

舒讀網